Ivonne Hasenknopf und Severine Riaz

Mit Schwimmflügeln durch den Ozean

Ivonne Hasenknopf, Jahrgang 1968, ist mit 8 Jahren mit ihren Eltern und Bruder von Oberschlesien nach Bayern umgesiedelt. Sie lebte in Regensburg und München und war viele Jahre in der Medienbranche beschäftigt bis sie 2007 ihren Herzmenschen in München traf. Seit 2008 lebt sie mit ihrer Familie am Tegernsee.
Nachdem ihr Wunschkind zur Welt kam, hat sie ihren ursprünglichen kaufmännischen Beruf aufgegeben. Mittlerweile unterstützt sie verwaltungstechnisch ihren Mann im Familienunternehmen mit dem Schwerpunkt Fitness, Wellness- und SPA-Management.

Das Schreiben kam durch einen großen Zufall zu ihr, wie vieles in ihrem Leben.....

Severine Riaz, Jahrgang 1976, aufgewachsen in Bayern, Mutter von Drillingen studierte nach dem Abitur Medien- und Kommunikationswirtschaft in der Absicht Journalistin zu werden. Es folgten 4 Jahre Arbeit und Leben in Chicago und die Leitung eines Vertriebsbüros im internationalen Messewesen.
Sie lernte dort ihre große Liebe kennen und kehrte zurück nach Deutschland. Bis sie Mutter von Drillingen wurde, leitete sie den Einkauf bei einem großen Pharmakonzern.

Heute widmet sie sich ihrer Liebe zum Schreiben und ihrer Familie.

Ivonne Hasenknopf und Severine Riaz

Mit Schwimmflügeln durch den Ozean

Geschichten aus dem ganz normalen Leben mit besonderen Kindern

Mithi & Mitha Verlag GbR

Mithi & Mitha Verlag GbR

1. Auflage

Gestaltung und Satz: Meggi Hörter, Wiesbaden
Druck und Einband: Pinsker Druck und Medien GmbH, Mainburg
ISBN: 978-3-00-060098-2
Printed in Germany

Vorwort

Eine Kaffeerösterei in unserer Nachbarschaft sollte Treffpunkt sein, für ein Treffen mit zwei Elternvertretern der Schule, die unsere Kinder Gabriel und Lisa besuchen. Gemeinsam wollte man an Ideen arbeiten, für diverse Schulprojekte.
Ivonne und ich bestellten uns einen Cappuccino nach dem anderen und redeten und redeten und lachten und lachten. Wir bemerkten dabei nicht, dass wir nach einer Stunde immer noch allein waren. Die beiden Elternvertreter hatten den Termin schlichtweg vergessen.
So kam es, dass, unzählige Geschichten über unsere Kinder später, die Idee zu diesem Buch geboren war. Die Idee mit Berührungsängsten aufzuräumen sowie respektvoll und offen mit Andersartigkeit umzugehen.

Wir, das sind Severine und Ivonne - Mütter zweier besonderer Kinder. Über diese besonderen Kinder, deren Geschwister und unsere Familien, erzählen wir in diesem Buch. Es soll Freude machen, so wie wir und unsere Kinder Spaß am Leben haben. Dabei gibt es auch tragische Momente und Geschichten, weil diese auch Teil unseres besonderen Lebens sind.

Lisa ist heute 9 Jahre alt, die Prinzessin der Familie und ist mit dem sog. 5-P-Syndrom (Katzenschreisyndrom) zur Welt gekommen. Lisas Beeinträchtigung ist ein seltener Chromosom-Defekt. Gabriel ist heute 8 Jahre alt und ein Drilling, hat also noch zwei Geschwister gleichen Alters. Eine Schwester und einen Bruder.

Savannah und Juan. Kurz nach der Geburt erlitt er eine frühkindliche Hirnschädigung höchsten Grades, leidet an Krampfanfällen und zeigt autistische Tendenzen.

Beides keine leichten Situationen, aber dieses Buch soll zeigen, wie unser Leben, trotzdem oder gerade deshalb so intensiv stattfindet.
Manche Passagen haben dabei auch ein wenig kritischen Charakter, sind aber lediglich die Schilderungen unserer wahren Geschichten.
Ein Ziel dieses Buches ist es dennoch am Ende ein Lachen in das Gesicht unserer Leser zu zeichnen, sobald man sich Lisa und Gabriel vorstellt, auch wenn zwischendrin ein paar gemeinsame Tränen vergossen werden, angesichts der manchmal unglaublich erscheinenden Herausforderungen!

Mit Schwimmflügeln durch den Ozean – Eine Reise voller Gefühle an der Seite unserer besonderen Kinder - stets überraschend und unvorhersehbar, oftmals lustig, immer aber zusammen und glücklich. Ein Buch gewidmet unseren Kindern, Familien, treuen Unterstützern, Freunden, allen Menschen die ein oder mehrere besondere Kinder mit Schwimmflügeln durchs Leben begleiten - ob gesund oder mit Beeinträchtigung.

Eure Severine und Ivonne

DIE "GEDICHTE" DAMEN UND EINE IDEE WURDE GEBOREN

Wir nannten sie humorvoll die „Gedichte“ Damen. Sie haben sich den Namen beim makellosen rezitieren eines Goethe Gedichtes beim vergangenen allgemeinen Elternabend der Schule erworben. (Hoch-) Engagierte die uns, Eltern der Grünschnäbel oder Neulinge in dergleichen Schule dazu überreden wollten, uns ebenso (hoch-) zu engagieren für elterninitiierte Projekte unbekannter Art. Nur, dass sie nie erschienen und wir stattdessen auf die Idee kamen dieses Buch zu schreiben.

Wir, also Ivonne die Mama von Lisa und ich die Mama von Gabriel, eine kleine Abordnung aus der sog. F-Klasse der damals ersten Klasse der gleichnamigen Schule.

Unsere Kinder sind deshalb auf dieser wunderbaren Schule, weil sie dort unter Berücksichtigung ihrer Beeinträchtigung bestmöglich in einem liebevollen Ambiente, aber sehr professionell lernen und sein dürfen. Sie haben dort Raum zum Wachsen und können ohne Druck ihr Schulleben gestalten, was an einer herkömmlichen Schule für sie unmöglich wäre.

Aufgrund vorliegender Entwicklungsverzögerungen wären sie auf eine Schule mit der Möglichkeit der Inklusion, dort einfach nicht in der Lage mitzuhalten und damit nicht inkludiert, sondern exponiert.

In Bayern trägt die Kosten für den Schulbesuch der sonst kosten-

pflichtigen privaten Schule im Fall einer heilpädagogischen Ausrichtung der Staat und entlastet damit die Eltern. Voraussetzung dazu ist allerdings der Nachweis eines IQ des Kindes von unter 70. In der Theorie sehr klar in der Realität schwer nachzuweisen, da die Tests von den meisten Kindern nicht oder nur schwer zu bewältigen sind, wie wir später noch ausführlich schildern werden. Jedes Jahr muss dieser IQ gleichbleibend bei 70 neu bestätigt werden. Und das obwohl die Kinder lernen und an Intelligenz gewinnen durch den Schulbesuch. Irgendwie scheint es so, als ob die Faktoren Motivation und Leistungssteigerung für Kinder und Menschen mit Beeinträchtigung keine Relevanz hätten. Obwohl soviel Potential da ist, soviel Motivation und Einsatzbereitschaft. Wie schön wäre es, wenn umgekehrt eine IQ Steigerung honoriert würde?
Es wäre doch toll, wenn der eine oder andere soviel lernen würde, dass er später zur Volkswirtschaft beitragen kann.

Geschichten wie diese, sind unser Alltag und so umfangreich, dass sie nicht nur dieses Buch füllen. Man muss und kann die Logik dahinter nicht immer verstehen, aber man kann und muss sie manch einmal in Frage stellen, um etwas zu verändern. Das haben wir gelernt.

GABRIEL UND LISA - DIE ANFÄNGE

Gabriel wurde als Drilling geboren und erlitt zwei Tage nach der Geburt eine Hirnblutung vierten Grades aufgrund seiner Frühkindlichkeit und stolperte sofort ungebremst weiter in einen Lungenriss, der ihn fast das Leben gekostet hätte.
Der Beatmungs-Schlauch der diesen Riss in der Lunge verursacht hatte, musste in regelmäßigen Abständen getauscht werden. Wir hatten gelernt, dass dies eine Routinehandlung war.
Daher traf uns der Report des Ärzteteams danach unvermittelt und hart. „Das sei jetzt aber nicht so gut gelaufen". Ich erinnere mich, wie mein Mann und ich dachten, unser Sohn sei bei der Routineaktion gestorben.
Aufklärung folgte: in einer Woche wissen wir, ob er überlebt oder nicht. Man könne Nichts tun.
Wegen der starken Hirnschädigung sollten wir uns aber, sollte er den Lungenriss überleben, zu 50% darauf einstellen, dass unser Kind ein schwerer Pflegefall sein und bleiben werde.
Darauf einstellen? Das ist schnell ausgesprochen aber schier unmöglich umzusetzen. Das Wort „schwerer Pflegefall", einmal ausgesprochen, ist nicht mehr aus dem mütterlichen und väterlichen System zu bekommen. Da bringt auch die „Vermittlung einer prozentualen Chance auf Nicht-Eintreffen" keine Linderung.
Keine Linderung bringt in diesem Moment auch der Versuch sich einzureden, man hätte sich durch Einlesen in Risiko-Literatur darauf in der glücklichen Phase der Schwangerschaft einstellen und vorbereiten können. Man kann sich darauf nicht einstellen. Es ist wie ein schwarzes Loch, in das man fällt und erstmal nur unend-

lich traurig. Ich weinte und weinte und war unfähig etwas Anderes zu tun als zu weinen.

Ich konnte nicht mal viel Energie aufbringen für meine anderen zwei Kinder, die gesund im Brutkasten schlummerten. Auch Freude über die Geburt und darüber dass wenigstens die anderen Zwei gesund sind. Alles überschattet von der unendlichen Trauer und Angst vor dem Verlust des gerade geborenen Lebens. Auch Angst vor einem nicht-lebenswerten Leben für unseren goldigen zweiten Sohn Gabriel im Überlebensfall.

Mein Mann ging mit der Situation ganz anders um. Er besann sich auf seinen tiefen Glauben, an die starken Lebensgeister unseres Sohnes, die er zu spüren glaubte und legte Gabriel wortlos den Koran auf den Brutkasten. Er vergoss keine Träne, trocknete meine unermüdlich und kümmerte sich darum, dass Savannah und Juan, die Geschwister, die Liebe und das Glück spüren konnten, das ich ihnen in dieser schweren Zeit nicht immer geben konnte. Auf die Frage: Wie kannst Du nur keine Träne vergießen? antwortete mein Mann immer: Ich spüre, dass das für uns gut ausgeht. Das brachte mir Linderung.

In den Dunstkreisen dieses, zugegeben ersten tiefen Tales der Angst und Sorge, der gleichzeitig unbeschreiblichen Freude über die Geburt unserer drei Babys fand der Auftritt des Klinikseelsorgers und des Standesbeamten statt.

Beide halfen uns bei der geistigen Vorbereitung auf Gabriels nahenden Tod.
Eine letzte christliche Salbung und eine vorbereitete Sterbeurkunde sollten uns auf diesen Weg vorbereiten. Diese Urkunde würde aber formell erst gleichzeitig mit Gabriels Geburtsurkunde fertig sein, was hoffentlich kein Problem für uns darstelle.
Nun hatten wir tatsächlich ein Problem, nämlich, dass der Koran

meines Mannes und sein unerschütterliches Gespür signalisierten: Gabriel würde überleben. So verzichteten wir auf Urkunde und Salbung.

...und dann zeigte Gabriel erste Überlebenszeichen!...

An dieser Stelle, darf ich mich vorstellen, mit meiner nicht so großen Familie, allerdings groß an Liebe, Fröhlichkeit und Lebensfreude. Als ich meinen Mann kennenlernte war ich 39, höchste Eisenbahn für ein Kind. Mein Frauenarzt sagte, ach, jetzt entspannen Sie sich, das kann dauern, wenn überhaupt. Ich entspannte mich, machte mir und uns keinen Druck und war innerhalb von 6 Monaten schwanger.

Nach einer problemlosen Schwangerschaft kam Lisa durch Kaiserschnitt zur Welt. Die einzige Auffälligkeit während der schönen Schwangerschaft war, dass ich einige Wochen vor der Geburt einen Traum hatte, ich würde ein Mädchen zur Welt bringen, das behindert ist. Vermutlich die Angst einer jeden werdenden Mutter, früher oder später. Es war angsteinflößend und zu diesem Zeitpunkt weinte ich das erste Mal um mein Kind.

Mein Mann Andreas und ich, bekamen unser Wunschkind – Lisa.

Bereits nach der Geburt war klar, irgendwas stimmte nicht. Sie sah anders aus – hübsch, aber anders – sie schrie wie ein kleines Kätzchen! Umso fataler zutreffend und entsetzlich war die Diagnose: 5-P-Syndorm (Stückverlust am kurzen Arm des 5. Chromosoms), auch das Katzenschreisyndrom (benannt nach dem katzenschreiähnlichen Schreien der Kinder im frühen Kindesalter) genannt! Dieses Ergebnis wurde uns bereits nach einer Woche, nach erfolgtem Gentest, von einer empathielosen Ärztin, mit den Worten überreicht `ich habe hier einen Wikipedia Ausdruck für sie dabei, machen sie sich keine Sorgen, das sind total hübsche Kinder!`

Mit der Chance für diese Art von Behinderung von 1 : 60.000 dachten wir zunächst, unser Leben ist jetzt zu Ende. Wir waren so glücklich, warum wir, wieso muß uns sowas treffen?

Von jetzt auf hier gehörten wir zu einer Minderheit... tatsächlich ist das so. Eltern behinderter Kinder und natürlich auch die Kinder selbst, stellen in unserer Gesellschaft eine Minderheit dar. Ich hatte die Liebe meines Lebens gefunden, wir waren glücklich, wir lebten schön, wir hatten ein unbeschwertes Leben und das soll jetzt nicht mehr sein? Und so begann unsere gemeinsame Reise. Anfangs durch Tränentäler – auch ich habe den Vorrat meiner Tränen im ersten halben Lebensjahr von Lisa vergossen.

Meine Schwiegereltern und meine Schwägerin versuchten uns lieb zu trösten. Sie überreichten uns einen Ausdruck über positive Erlebnisse und Entwicklung von Eltern und deren 5-P-Syndrom Kind. Das machte einerseits Mut, aber auch Angst. Angst, das war anfangs das beherrschende Gefühl.

Rückblickend betrachtet, wie traurig, dass das so ist, aber es ist wohl menschlich, es ist fremd, alles ist anders. Das Glück einer frischgewordenen Mutter wird einem genommen und man lässt es sich nehmen, weil man nicht weiß und nicht erahnt, was auf einen zukommt.

Was auf einen zukam war ein sehr intensives Leben, ein glückliches Leben, voller Freude und vieler Tränen, allerdings, mittlerweile, meist vor Lachen. Ein Leben mit einer solchen Standfestigkeit gesegnet, von der ich nicht wusste, dass ich sie besitze sowie der Gewissheit, dass einem kein Schicksalsschlag aus der Bahn wirft.

Lisa hat uns im wahrsten Sinne des Wortes die Augen geöffnet, uns die Welt aus einer anderen Perspektive gezeigt, die Dinge auf die es ankommt: Das wahre Leben zu akzeptieren und uneingeschränkt zu lieben. Sie hat uns als Familie ausgesucht. Also, Krone aufheben, richten und weitergehen.

Das wir einmal sagen würden, das ist Glück, hätten wir damals nicht gedacht. Nach wie vor stößt unser Glück heute, bei vielen Menschen auf völlige Verständnislosigkeit. Eine Bekannte fragte mich mal, „sag mal, hast Du nicht Angst davor, dass Lisa ein Leben lang bei Euch bleibt, nie so richtig erwachsen wird"?
Die Frau eines Bekannten fragte uns verdutzt wieso unsere Tochter behindert wäre, wir wären doch beide auch normal... ?
Eine andere Bekannte erzählte mir einmal, auf welches Gymnasium ihr Kind mal gehen würde. Man muß dazu sagen, das Kind war zum damaligen Zeitpunkt noch nicht mal eingeschult. Als ich etwas spitz sagte, da gratuliere ich, dass du jetzt schon weißt, dass dein Kind mal Abitur macht, erntete ich einen mitleidigen Blick. „Ja, ich weiß, bei Dir ist es anders, Du mußt dir ja um sowas keine Gedanken machen"... da war ich tatsächlich etwas sprachlos, was selten geschieht.
Das sind nur einige Beispiele dessen, was man als Eltern eines behinderten Kindes alles gesagt bekommt.

Leben wir tatsächlich in so einer Welt? Ist es ein Unglück Verantwortung zu tragen und für jemanden zu sorgen? Ja, auch ein lebenlang. Wieso nicht...
Ich frage mich, ob ich auch einmal so war und nur durch Lisa eine andere Sicht auf Dinge bekommen habe.

DIE ENTSCHEIDUNG FÜR DAS LEBEN

Unser sehnlichst vermisstes, drittes großes Glück flackerte endlich eine Woche nach Gabriels Geburt, in Form eines kleinen orangenen Rechteckes, auf seinem Beatmungsgerät auf. Als wollte er „Hallo“ sagen. „Jetzt bin auch ich am Start“.
Das Glück live mitzubekommen, wie so ein kleiner Kerl bereits fähig ist, eine klare Entscheidung für das Leben, das Leben bei uns und mit uns, zu treffen, machte ihn damals für uns erstmals zu einem großen Helden. Ja unglaublich stolz, seine Eltern sein zu dürfen.
Da war uns auch klar, warum wir eigentlich bei der Wahl seines zweiten Namens auf „Maximus“ gekommen sind. Maximus heißt auf Latein: Der Größte, der Unschlagbare. Einen kurzen Gruß an dieser Stelle an meine Lateinlehrer, die mir mühsam das vermeintlich sinnlose große Latinum beigebracht haben, es hat sich doch gelohnt!
Dass er uns heute so glücklich macht, mit seiner engelsgleichen unverwechselbaren Art, mit seinem Humor seinem ungebremsten Ehrgeiz und seinem warmen weichen verschmusten Naturell, das konnten wir in dieser Phase natürlich noch nicht absehen.

Seine Diagnose mit der Behinderung stand nach wie vor. So durchgingen wir das nächste Tal wechselhafter Gefühle. Gleichzeitig nutze er diese Gelegenheit sich vom lästigen Beatmungsgerät zu befreien und seinen Geschwistern hinterherzueilen, die eine ganze Woche Vorsprung im Wachsen hatten.
Die Intensivkrankenschwestern und Ärzte bemühten sich nach

Kaiserschnitt zu einem sehr traumatischen, ich will nicht sagen extrem schmerzhaften, Erlebnis wurde!
Meine ganze Freude galt trotzdem dem ersten Sehen meiner Kinder, aber ich sah sie nicht.
Sie wurden sofort mitgenommen und versorgt und ich kam in den Aufwachraum, wo angeblich nach einer halben Stunde meine Beine wieder wach werden sollten. Die Geburt war um 8:00 in der Früh. Erst nach weiteren 24 Stunden gehörten meine Beine wieder zu mir.
Mein Mann machte die ersten Bilder von unserem neuen Leben und kam so schnell er konnte zu mir geeilt. Endlich konnte ich sie sehen, unsere drei Engel. Ich war noch ein wenig schockiert, wie embryonal sie aussahen, aber ich liebte sie sofort mit jeder Zelle meines Körpers! Es ist unglaublich, welch eine Liebe und Wärme einen durchläuft, sofort und uneingeschränkt. Alle Eltern werden dies nachempfinden können.
Nur fühlen konnte ich sie nicht, nicht berühren und ihre Haut spüren! Ein unglaubliches Gefühl der Sehnsucht und Leere, das sich gleich und ganz massiv neben die visuelle Freude gesellte. Alle Mamas hatten ihre Kinder bei sich, nur ich musste mit einem Rollstuhl jeden Tag durch die Gänge des Krankenhauses geschoben werden, um Ihnen nah zu sein, wenn auch getrennt durch das Plastik eines lebenserhaltenden Brutkastens voller Schläuche und Gerätschaften.

Man sagt immer die Kinder haben ein Trauma, wenn sie Ihre Mutter nach der Geburt nicht gleich spüren. Es ist aber auch für eine Mutter nicht leicht sein Kind auszutragen und dann nicht an sich drücken zu können. Nur eine klitzekleine Berührung der Baby-Haut mit dem Zeigefinger, musste anfangs ausreichen, um die ganze Liebe auf diese kleinen Körper zu übertragen. Unsere Blicke und Stimmen sollten sie geborgen stimmen.
Irgendwann durften wir dann auch endlich Känguru spielen. Im Frühchen Jargon der Begriff für „Organisiertes Schmusen mit den

Eltern“ oder auch „Kurzzeitiges Verlassen des Brutkastens, um auf dem Bauch von Mama und Papa zu liegen“. Eine Initiative, die unglaublich bereichernd und schön ist für Eltern mit Frühchen. Das ist das „nachgeholte erste Schmusen“ mit Mama und Papa. Geht aber erst, wenn die Kleinen selber atmen können.
Bei Tochter Savannah und Sohn Juan konnten wir dieses Glücksgefühl 5 Tage nach der Geburt bereits erleben.
Gabriel, der um sein Leben rang und absolute Ruhe und Abstand für seinen (Über)Lebenskampf brauchte, durfte das erst nach drei Wochen in absoluter Quarantäne.
Ein unbeschreiblicher Moment der Erleichterung und der Geborgenheit. Auch als er dann seine wunderschönen Augen das erste Mal öffnete und uns, seine Eltern, ansah, spürten wir endlich das geburtliche Glücksgefühl, das Alles übertraf. Als wolle er uns sagen: Mama und Papa - es geht mir gut. Meine Tränen versiegten. Erstmal.
Mühsam und mit kleinen Schritten Tag für Tag weiter ins Leben ging es voran. Unsere Tochter Savannah war so groß wie eine Faust, ein kleines winziges, aber, unglaublich süßes Wesen. Schöne dunkle Haut, übrigens wie alle unsere Kinder. Mein Mann hat seine Chance genutzt, um gleich dreimal seine exotischen Gene weiterzugeben. Man muss sich vorstellen: ich bin blond und blauäugig, der Inbegriff eines Westeuropäers und habe drei Kinder mit tiefbrauner Haut und schwarzen Augen. Eine Tatsache, die in unserer Gesellschaft zu sehr interessanten, durchaus belustigenden Schlussfolgerungen führt. Aber dazu zu einem späteren Zeitpunkt in unserem Buch.

Rund um die Uhr verbrachten wir die nächsten Wochen bei unseren Kleinen. Fütterten sie und wickelten sie und lernten mit den Monitoren und Geräten umzugehen, die den Kindern den Einstieg ins Leben erleichterten.
Auch mussten wir am Entlassungstag lernen loszulassen und unseren Kindern zu vertrauen, dass sie von nun an selbst gehen

können. Ohne Maschinen. Eine ganz schöne Mutprobe!
Ich weiß nicht, ob das allgemein bekannt ist, aber Frühchen leiden zu Beginn dauernd an Atemaussetzern. Der Überwachungsmonitor wird dann glutrot und lauter Alarm schallt durch die Station. Der Puls sinkt und die Atem-Kurve wird flach, so dass man denkt, das war´s jetzt mit meinem Kind. Übrigens auch beim ersten Trinken aus der Flasche. Sie verschlucken sich dauernd und laufen Blau an. Am Anfang ein emotional sehr anstrengendes Erlebnis. Dank der erfahrenen Ärzte und Pflegekräfte aber, wurden diese Momente für uns zunehmend undramatisch und wir verstanden was in der heutigen Medizin alles möglich ist.

Noch im Krankenhaus lernten wir die Spezies der Kinderchirurgen kennen. Diese jagten mir zunächst große Angst ein, da ich bei einem Chirurgen an einen Art Knochenbrecher dachte, mit Säge und Schrauben, ohne jeglichen Tiefgang, geschweige denn Emotion.
Das geht ja bei dem Beruf gar nicht, dachte ich immer. Zugegeben, als Kind, aber irgendwie ist mir das Bild geblieben.
Genau diese Art Mensch sollte nun ausgerechnet Finger an unseren zärtlichen, zerbrechlichen Sohn anlegen? Das konnte ich mir nicht vorstellen! Das musste schiefgehen. Warum wir überhaupt einen solchen Arzt brauchten? Dazu gleich mehr.
Frühchen brauchen und bekommen unglaublich viel Unterstützung, in der ersten Zeit:
Physiotherapie, Chirurgie sowie Neurologie. Dinge, die bei einem normal geborenen Kind bereits fertig sind, müssen bei Frühchen manchmal noch verschlossen oder korrigiert werden.
Alternative, sinnvoll begleitende, therapeutische Förderung/Stärkung mit exotischen Namen wie Cranio Sacral, Osteopathie oder Homöopathie waren an unserem Geburts-Klinikum für Frühchen nicht vorhanden. Wir kannten diese Disziplinen zu der Zeit selbst noch nicht, wissen aber heute, beide Disziplinen bieten in der Ergänzung und mit dem notwendigen Respekt voreinander, die

größtmögliche Chance zur Genesung und körperlicher Stärkung der kleinen Patienten.

Aber zurück zu den Chirurgen.
Gabriel sollte einen Monat nach seiner Entlassung einen sogenannten Shunt in die linke Hirnkammer eingesetzt bekommen. Dieses Implantat leitet, gekoppelt mit einem Ventil und einem Schlauch bis in die Bauchhöhle, Hirnwasser ab, das nicht mehr natürlich über das Rückenmark abläuft. Die Hirnblutung hatte das unmöglich gemacht.
Laut Aussage der Ärzteschaft eine irreparable Nebenwirkung der Blutung und damit ein lebenslang, notwendiges Implantat. Der eine oder andere kennt sicher noch den Begriff der „Wasserkopfkinder". Diese sind, vor Erfindung dieses revolutionären Shunts/ Implantates tragisch leider noch an zu großem Hirndruck gestorben.
Die Frage nach Nebenwirkungen oder möglichen Risiken wurde uns sehr ausgiebig und detailgenau beantwortet.
Neben ein paar motorischen Defekten an Schlauch, Ventil und Pumpe, Verstopfungen im Gesamtsystem, Hirndruckbeschwerden beim Träger des Implantates und einem Risiko über das System Bakterien in den Körper zu schleusen, das aber gegen Null gehe, sei das System sicher, wird gut vertragen und wächst sogar mit.
Also im Besten Fall ein Eingriff, ein paar schmerzfreie Justierungen der Einstellung von außen per Röntgen System und unserem Sohn würde ein unbeschwertes Leben möglich sein können.

Das Chirurgenteam bestand aus zwei sehr erfahrenen Chirurgen; einer davon mit unglaublich großen Händen und bediente damit mein Cliche´ vom Knochenbrecher.
Ja ich erinnere mich an die Pranken des einen und wie ich mir nur sehr schwer vorstellen konnte, wie man mit solch großen Händen, einen Frühchenkörper ordentlich operieren könne.

Unglaublicherweise stellte sich heraus, dass das die wärmsten, nettesten und professionellsten Hände waren, die ich bis dato kennengelernt hatte. Alles andere als kalte Knochenbrecher. Menschen mit unglaublich viel Gespür und Erfahrung. Sie wurden für uns in den ersten 5 Jahren in Gabriels Leben zu den wichtigsten Personen, die unermüdlich für sein Wohlbefinden kämpften und letztendlich eine mutige aber richtige Entscheidung getroffen haben.

Nun aber zurück auf die Frühchen Station. Dort stand nach 8 Wochen die ersehnte Entlassung an. Es gab noch einen Blumenstrauß (ich denke, weil wir so tapfer die Diagnosen aufgenommen hatten), Pressetermin (wegen der Seltenheit von Drillingen) Pressefoto (weil das für viele Jahre das letzte Foto sein sollte, auf dem wir eine Aura von Jugend ausstrahlten), einen Vertrag über die Vermarktung als Werbeträger für Klinikangebote und eine große Verabschiedung.
Die Vermarktungsaktion und das Pressefoto sowie ein Zeitungs-Artikel gaben uns eine gewisse heimliche Aura von Berühmtheit. Fremde Menschen behandelten uns wie beste Freunde, klar sie kannten uns ja jetzt:

1. „vom Bild auf dem Flyer“ oder
2. dem Foto im „Elternzimmer“ oder
3. dem „Zeitungsartikel“.

Und wie beste Freunde teilten sie dann auch rege mit uns Ihre Meinung zu unserer „Situation“: Drillingseltern zu sein.
Irgendwann haben wir die Aussagen notiert und sogar skaliert (Sowas fällt einem nur in einem völligen Zustand der Erschöpfung ein, um 3 Uhr nachts, wenn man auf drei Bäuerchen wartet).

Hier unsere Top 4:
1. „Mei, sind das Drillinge? Nett anzusehen aber ich wills nicht ha-

ben“
2. „Süß sind die ja anzusehen, aber die viele Arbeit“.
Besonders amüsant fanden wir den Kommentar einer Mittsechzigerin die von
3. ...den vermeintlich tiefblauen Augen der Kinder entzückt war.
Oder den einer jungen Frau die nicht glauben konnte,
4. ... dass „die ja echt sind und keine Puppen“.

Ja, ja, ja, da erlebt man was mit so einem Drillingswagen. Das ist das ideale „Eisbrecher-Gefährt“ für Singles. Der Nachteil: Man muss Zeit mitbringen, Zeit und den Mut auch mal einfach nur freundlich nickend weiterzufahren.
Dann kam auch schon bald der gefürchtete Tag, an dem der „Mutterschutz“ meines Mannes zu Ende ging. Eine Blondine mit eisblauen Augen, flankiert von drei dunkelhäutigen Kindern. Für gut 90% der Bevölkerung ein Grund mir die leibliche Elternschaft erstmal kategorisch abzuerkennen.
Statt Fragen wie „Wie war die Geburt?“, „Stillen Sie die Drei?“ oder „Wie war denn die Schwangerschaft?“ wurde ich gefragt:

1. „Wo haben Sie die denn her?“ oder
2. „Wann haben Sie adoptiert?“,
3. „Machen Sie einen Ausflug mit der Kindertagesstätte?“,
4. „Aus welchem Land kommen die denn?“,
5. „Sprechen Sie deutsch?“ (nachdem ich die ganze Zeit deutsch an der Kasse mit meinen Kindern neben der Frau geredet habe) „ich wollte Ihnen etwas schenken. Eigentlich wollte ich es Ihnen direkt ins Asylantenheim bringen“,
6. „Ist es schwer Pflegemama zu sein?“,
der Höhepunkt als ich mit den Kindern am Chiemsee baden war:
7. „Schön, dass Sie sich so rührend um versehrte Kriegswaisen kümmern und Ihnen einen Ausflug ermöglichen“.

Diese Dinge gibt es. Die passieren tatsächlich da Draußen. Und sie werden ausgesprochen. Nett war auch von denen, die meinen Mann kannten, der Kommentar: „Sind die süß, ganz der Papa“. Na das gönne ich ihm - als meine große Liebe, übrigens wirklich von ganzem Herzen, auch wenn die Ausländerbehörde mich kontinuierlich vom Gegenteil überzeugen wollte, in unseren Anfängen. Ein Thema für ein neues Buch!

Nun aber wieder zu Lisa und Ihren Anfängen.

Die Top 7 sind köstlich, aber leider erst rückblickend betrachtet. Humor ist halt, wenn man trotzdem lacht.

Lisa war ein zartes, sehr süsses Wesen, das in der 37. Woche (auch mir ist die Fruchtblase geplatzt) mit Kaiserschnitt und mit zunächst sehr verkrampften Händen zur Welt kam. Sie war 47 cm klein und wog gerade mal 2,2 kg, ich weiß, gegen Severines 3, eine Riesin!
Sie hatte Angst, wir hatten auch Angst, große Angst! Diese Anspannung löste sich bei Lisa immer nur, wenn sie auf meiner Brust lag und mit mir kuschelte. Lisa musste die erste Woche ebenfalls im Brutkasten verbringen.
Mein Zimmer teilte ich mir mit einer Mutter, die ständig weinte, weil ihr Kind Gelbsucht hatte. Ich schleppte mich mit meiner Kaiserschnittnarbe durch die Krankenhausgänge, alle anderen Mütter waren mit ihren Rollstühlen unterwegs, ich wollte das nicht! Ich wollte bei Lisa sein, ich denke, schon damals spürte ich, daß bei uns alles anders ist und ich besonders stark sein mußte. Auch wenn ich es zunächst nicht wahrhaben wollte. Meist saß ich nur vor ihrem Brutkasten und hoffte. Ein Wechselbad der Gefühle! Schon zu dem Zeitpunkt war klar, ich gehe mit Krisensituationen anders um. Ich war eine von zwei Mütter nach der Entbindung, der ein Gentest und eine Chromosomuntersuchung ihres Kindes empfohlen wurde.
Ich tröstete die andere Mutter, die ebenfalls auf das Ergebnis des

Gentests wartete, immer noch in der Annahme, nein, das passiert hier nicht wirklich. Die andere Mutter hat damals die Nachricht übermittelt bekommen, dass ihr Kind gesund ist.
Mir und meinem Mann wurde der Wikipedia-Ausdruck vorgelegt. Ohnmacht! Psychologen, die einem zur Seite gestellt wurden, die einem sagen ‚ich verstehe ihren Schmerz'. Alles in allem war das für uns nicht hilfreich.

Wir waren zunächst komplett überfordert. Ich hatte mich bis zu dieser Zeit nie mit dem Thema Behinderung auseinandergesetzt. Allein die Telefonate mit den Großeltern, was sagt man, wie sagt man es, müssen wir auf andere Rücksicht nehmen oder die Personen, die wir lieben, ebenfalls so vor den Kopf stossen, wie es uns widerfahren ist?

Bis wir nach Hause durften, verging eine weitere Woche, Lisa bekam übrigens auch noch Gelbsucht, das war aber nicht wirklich schlimm. Alles relativ...?
Als wir zuhause waren und die ersten Nächte uns endlich als Eltern gefühlt haben, endlich ein Hauch von Glück verspürten und etwas zur Ruhe kamen, kam ein Anruf einer Münchner Klinik, Alarm! Wir müssen sofort ins Krankenhaus, irgendwas mit Lisas Blut stimmt nicht – eine schwere Stoffwechselerkrankung.

Da dachte ich schon manchmal, was denn noch? Kaum hat man sich einigermaßen von einer Nachricht erholt, kam der nächste Hammer. Es war zum Glück ein Fehlalarm. Die Blutproben wurden vertauscht. Wie furchtbar, ich weiß nicht, wem das Blut gehört hat und ich hoffe, dem tatsächlich betroffenen Kind geht es gut. Für uns war diese Zeit ein Marathon, ein Auf und Ab, die Schwangerschaftskilos purzelten nur so runter.
Als wir wieder atmen konnten, kam der nächste Schock: Lisa hatte einen Herzklappenfehler, eine OP wurde uns in Aussicht gestellt.

Wir haben 4 Monate lang gehofft, dass doch noch ein Wunder geschieht und wir dieser OP aus dem Weg gehen können, dann war aber klar, nein, das bleibt uns nicht erspart.

Die Behinderung unseres Wunschkindes rückte zum Zeitpunkt der Herz-OP in den Hintergrund. Wir bangten vielmehr um ihr Leben. Sie musste zweimal am offenen Herzen operiert werden, die erste OP lief schief und das eingearbeitete Stück Goretex hatte sich gelöst, also nochmals die komplette Prozedur nach nur wenigen Tagen. Es war schrecklich sein 6 Monate altes Baby in den Narkoseraum zu bringen. Man ist komplett machtlos, übergibt sein Baby fremden Menschen und muß Vertrauen. Ich werde dieses Gefühl absoluter Machtlosigkeit nie vergessen. Die Stunden bis zum erlösenden Anruf, alles soweit überstanden, sind unvorstellbar.

Lisa äußerte ihre Angst damit, dass sie im Krankenhaus ihr Lachen verlernte, wirklich, wie Tim Thaler (für alle, die ihn noch kennen), 4 Wochen Intensivstation, das Herzchen wollte nicht zur Ruhe kommen, Herzrhythmus-Störungen und man hat uns einen Herzschrittmacher angedroht.
Ich kann mich düster erinnern, kurz vor einem Nervenzusammenbruch gestanden zu sein, ich glaube ich habe Ärzte angeschrien und mich geweigert Lisa nochmals operieren zu lassen. Ich war davon überzeugt, dass Lisa nur Zeit braucht. Ich hab Lisa vertraut, auch ich wußte, sie ist eine Kämpferin.

Ich fing letztendlich an zu beten und ich bin nicht wirklich gläubig, aber ich war verzweifelt. Mein Mann machte sich in der Zeit wohl mehr Sorgen um mich als um Lisa. Ich war ein Schatten meiner selbst. Ich wachte weinend auf und ging weinend zu Bett. Nicht weil ich mir leid tat. Ich wusste zu dieser Zeit wirklich nicht wohin mit meiner Verzweiflung und diesen Sorgen um mein Kind. Tagsüber musste ich stark sein und an Lisas Bett Wache halten. Wir hatten unsere Familien gebeten, uns eine Auszeit zu gönnen.

Wir konnten zu der Zeit keinen Besuch empfangen. Alle weinten nur und zogen uns nur noch mehr runter.
Aber es kam, wie ich es vorausgesagt hatte. Lisa brauchte einfach nur Zeit. Es hat nochmals 2 Wochen gedauert, Lisas Herz schlug wieder regelmäßig und wir durften heim. Was soll ich sagen, Lisa lächelte wieder sobald wir das Krankenhaus verlassen hatten und alles war gut. Unendliche Erleichterung.
Im übrigen waren wir in der Zeit des Klinikaufenthaltes als Eltern in einer Einrichtung in der Nähe der Klinik untergebracht, was für mich emotional schwierig war.
Viele der Eltern, vor allem Mütter, hatten fast einen Wettstreit, wen hat es am härtesten getroffen, welches Kind leidet am meisten... und was hat ihr Kind? Ständig diese Fragen, für mich wirklich in dieser Zeit unglaublich belastend und ich konnte die Menschen kaum ertragen. Wir nutzten die Zeit, wenn wir nicht bei Lisa sein durften, und lernten uns auch mal, in unserer Freizeit, um uns zu kümmern. Mal Essen gehen, ein Kinobesuch. Tatsächlich half diese Zerstreuung etwas.

In der Klinik war zu der Zeit ein Oberarzt, der eines Tages um ein persönliches Gespräch bat. Er wollte wissen, wie es uns geht, mein erster Reflex, ok ist ja nett, aber wieder jemand der Mitleid für uns empfindet, nicht, weil wir ein herzkrankes Kind haben, sondern weil unser herzkrankes Kind behindert ist. Andere Eltern kehren nach dieser Zeit im Krankenhaus nach Hause, der Herzfehler behoben und das Leben läuft in normalen Bahnen... für uns nicht!
Ich merkte, wie ich zu Beginn des Gespräches schon ganz steif wurde, weil diese Floskeln, wie wir sie so oft anfangs hörten, nicht mehr hören konnte.
Aber der eigentliche Hintergrund des Gesprächs war, dass der Bruder des Oberarztes einen Sohn mit dem 5-P-Syndrom hatte. Die Frau seines Bruders ist daran fast zerbrochen und befand sich am Rande ihrer Kräfte. Der Oberarzt machte sich Sorgen um uns.

Ich hörte zu und beschloss, nein, so wollte ich nicht werden. Ich hatte große Angst, der Aufgabe nicht gewachsen zu sein. Aber ich wollte positiv sein, ich wollte kämpfen, für Lisa, für unsere Familie. Wir haben nochmals 6 Monate gebraucht, um tatsächlich anzukommen im Leben, mit Lisa, mit der Behinderung.
Ich knüpfte einen Kontakt zu einem Verband mit Kindern bzw. deren Eltern mit einer 5-P-Behinderung, allerdings konnte dieser damit nicht umgehen, dass ich ausdrücklich darum gebeten hatte, erstmal nur schriftlichen Kontakt zu halten und Infos einzuholen. Kaum hatte ich die e-mail rausgesandt, wurden wir angerufen. Man wollte mit uns sprechen, uns gleich zu irgendwelchen Treffen einladen.
Das war zuviel. Mir war bewußt, dass wir – wie anfangs erwähnt – nun eine Minderheit darstellen! Nichts desto trotz, wollten wir uns nicht ausgrenzen, austauschen ja, aber wir wollten unser Leben erst einmal leben und die Schicksalsschläge anderer Familien, empfand ich zunächst als eine weitere Belastung. Ich wollte keine Vergleiche mit anderen Familien, mit anderen Kindern, ich wollte, daß wir einen eigenen Weg gehen.
Im ersten Lebensjahr, merkte keiner Lisas Behinderung und wir haben es dabei belassen, wir wollten uns nicht stigmatisieren lassen. Wir wollten unser Leben, unser Schicksal meistern und waren zugleich neugierig, was auf uns zukam.
Wir verabschiedeten uns von nervigen Hebammen, die einem zum Stillen zwingen wollten. Lisa wollte einfach nicht und unsere Bindung ist enorm, ohne, dass sie an meiner Brust nuckelte. Die Krankenhausaufenthalte waren irgendwann fast vergessen und die Angst war nicht mehr allgegenwärtig. Wir stürzten uns zurück in das Abenteuer Leben.

Als Lisa 12 Monate alt war, fing ich wieder an zu arbeiten. Das war für mich enorm wichtig, wir überbrückten ein halbes Jahr mit Großeltern-Sitten. Mein Mann hat mich sehr unterstützt, und bereits im September 2010 ging Lisa in eine integrative Kinder-

krippe. Ab dem Beginn der Kinderkrippenzeit wurde unser Leben gut, positiv, wieder fröhlich und mehr als das, es wurde irgendwie normal.
Ich arbeitete zunächst tatsächlich 40 Stunden die Woche, zuzüglich einer täglichen Fahrzeit vom Tegernsee nach München, Hin- und Zurück. Das schaffte ich 1,5 Jahre lang, danach musste ich auf 25 Stunden kürzen. Ich stand kurz vor einem Burnout. Für uns Alle, für unser Selbstbewusstsein und für unsere Normalität im Alltag war meine Arbeit aber mehr als wichtig.
Ich trennte aber ganz strikt Arbeitsleben und privates Leben. Keiner meiner damaligen Arbeitskollegen wußte, dass ich ein behindertes Kind hatte. Ich wollte kein Mitleid, ich wollte keine Sonderbehandlung. Mit einigen Arbeitskollegen bin ich mittlerweile befreundet, die wissen es, sind offen und wenn ich etwas bekomme, dann ist es Bewunderung, aber kein Mitleid.

Wenn ich mit Lisa anfangs durch die Stadt spazierte und sie, wie alle anderen Babys, einmal Hunger hatte oder irgendetwas drückte, weinte sie. Ich wurde ständig drauf angesprochen ‚mei, die hört sich ja an, wie a Katzerl‘ und wenn ich antwortete, ja, das liegt daran, dass sie das Katzenschreisyndrom hat, wurde ich ausgelacht! A geh, so a Schmarren! (Hochdeutsch für: So ein Unfug) Eigentlich will die Welt nichts von Behinderung hören, alles soll innerhalb der Norm bleiben.
Krankheit, Alter, Behinderung, man glotzt kurz und dann wieder weg, aber es gehört zum Leben, wie Gesundheit und Schönheit.

Das hört sich irgendwie einfach oder überheblich an, aber es ist wirklich so. Es ist immer das, was man daraus macht. Menschen, die ich kenne, die sich eine gewisse Leichtsinnigkeit in ihrem Leben bewahren, egal was um sie rum geschieht, gehen einfach unbeschwerter durchs Leben.
Humor, vor allem die Kunst über sich selbst zu lachen, ist äußerst hilfreich und das in jeder Lebenssituation. Und es ist nicht

so, dass ich nie traurig bin. Ich habe einfach gelernt, jede Phase des Lebens auf eine Art zu schätzen. Dazu gehört die Sonnen- und die Schattenseite.

DIE KUNST DES WACHSENS AN SEINEN AUFGABEN

Gabriel hat man die ersten Monate und Jahre nichts angesehen. Daher auch für uns kein Grund das Thema in den Vordergrund zu schieben. Medizinisch hingegen war das erste Jahr tatsächlich bereits entscheidend, als Indikation für die möglichen Weichen in seine gesamte Zukunft. Eine Reaktion auf die Umwelt, versus keine Reaktion, sollte das Maß der Dinge sein.
Anders gesprochen: Würde Gabriel auf seine Umwelt mit einer Aktion wie Lachen oder Kopfdrehen reagieren sei die „Gefahr" einer Schwerstbehinderung eher gering einzuschätzen.
Würde er nicht reagieren und zeige eine Art Apathie, fielen die Würfel in genau diese Richtung. Klar haben wir gebangt und gehofft - hatten es aber nie als „drohende Gefahr" betrachtet ein schwerstbehindertes Kind zu haben. Ehrlich gesagt, haben wir uns nie mit diesen Begrifflichkeiten befasst, sie haben uns schlichtweg nicht interessiert. Im Gegenteil wir hatten immer das Gefühl Gabriel damit unnötig zu belasten auf seinem eigenen Weg. Wir wollten und wollen ihn nicht mit einem Begriff belegen-einer Kategorie und einer Schublade. Bei uns in Bayern sagt man: Er is einfach unser Bua!

Zumal die Prognose von verschiedenen Ärzten wie folgt lautete: Es gibt sie nicht, die eine Prognose! „Manche Kinder führen mit einem halben Gehirn ein fast normales Leben und manche haben ein komplettes Gehirn und können Nichts." Also Alles und Nichts ist möglich.

Mit dieser Information starteten wir als eine ganz normale Familie mit Drillingen in unser erstes Jahr als Eltern. Wir schliefen nicht, aßen wenn überhaupt Pizza vom Italiener, bereiteten jede Nacht 16 Fläschchen vor, bekamen von der Gemeinde kostenlose Windelsäcke. Wir waren glücklich und die Welt in Ordnung, ja wir genossen jede Sekunde mit unseren kleinen Babys, stets präsent: Die neu gewonnene tiefere Demut vor dem Leben.
Außer, dass er inzwischen sein erstes Implantat im Kopf und zweimal die Woche Therapie hatte, wuchs Gabriel ganz normal an der Seite seiner Geschwister heran. Er bekam sein erstes Zähnchen und lachte und weinte, verzauberte die Nachbarn und alle die einen Blick in unseren überbreiten Sportwagen warfen. Ja, richtig gelesen: Er lachte und weinte und reagierte auf seine Umwelt. Nach einem Jahr war es klar: er würde mehr können, als man mit einer Hirnschädigung 4. Grades erwarten würde. Er ist ein Kämpfer. Maximus eben!
Habe ich schon erwähnt, dass sein 2. Vorname „Maximus“ ist? Wir haben für ihn diesen Namen gewählt, bevor wir wussten, dass er 110 Prozent im Leben aufbringen können muss. Ich glaube ich hatte es schon erwähnt, wollte aber meine Begeisterung darüber nochmals teilen, dass wir ohne zu wissen, wer den Namen am meisten braucht, dem richtigen Fötus diesen Namen zugeteilt hatten. Mirakulös.

Um ihn dabei zu unterstützen, selbst weiterzukommen, empfahl man uns zur Frühförderung zu gehen.
Eine wunderbare Therapie-Einrichtung trat in unser Leben, gegründet und getragen von einer sehr erfahrenen bayrischen Therapeutin und Mutter mit Waldorfhintergrund und ihrem kantigen aber sehr herzlichen Ehemann aus Nordfriesland.
Die nordische Nüchternheit brachte die Dinge auf den Punkt und nannte Unausgesprochenes beim Namen. Für ihn gab es auch keine Unterscheidung zwischen Kinden mit Behinderung und ohne. Er behandelte sie alle gleich! Zugegeben hat uns diese Art,

anfangs manch einmal vor den Kopf gestoßen, denn die Gesellschaft keinen Raum lässt für offenes Kommunizieren im Bereich Behinderung, sehr wohl unterscheidet in behindert und nicht-behindert.
Ich werde nie vergessen, als ich einmal zur Therapie kam und er mich fragte, wie es Gabriel ginge. Ich sagte, dass ich es schade finde, dass Gabriel immer noch nicht Laufrad fahren kann, wie seine Geschwister. Da war er drei Jahre alt. Seine Antwort darauf war: „Warum muss er denn Laufrad fahren können?"
Genau, warum muss er eigentlich? Er kann auch glücklich sein, ohne Laufrad gefahren zu sein.

Wir haben das Schritt für Schritt gelernt, was er nicht kann, ist nicht entscheidend, was er kann ist es umso mehr. Der Therapeut und seine Frau wurden in den folgenden Jahren für uns zu den wichtigsten Ansprechpartnern, Motivatoren und Mentoren.
Manchmal glaube ich, wir sind zur Therapie gegangen, nicht Gabriel. Er hat seinen Weg schon gemacht. Wir hingegen brauchten und brauchen auch heute noch durchaus bisweilen Rat und Tat.
Schon das Betreten der Räumlichkeiten war wie ein Besuch im Wohnzimmer. Schuhverbot und überall Teppich, Holzspielzeug, Kletterwände und Therapieschaukeln, Werkräume und Kunst der eigenen Kinder an der Wand. Es machte einfach Spaß, in diese Welt einzutauchen! Hier wurde man verstanden und hier lag der Blick stets auf dem „Können" und nicht dem „Nicht-Können" der Kinder.
Der therapeutische Scannerblick erkennt und benennt jeden noch so kleinen Fortschritt und macht stolz statt unglücklich.

Jeden dieser Momente haben wir zusammen gefeiert und zelebriert. Jede Freude über jede noch so kleine Etappe stärkte uns als Eltern für unseren Sohn immer da zu sein. Immer da sein zu wollen. Ein großer Meilenstein und eine Botschaft, die wir in diesem Buch gerne an alle Menschen weitergeben wollen. Der Blick auf

Kräften uns und unseren Kindern die Zeit auf der Intensivstation so angenehm wie möglich zu gestalten, gaben uns Tipps und Tricks mit auf den Weg für die Zeit danach und Daheim. Als Gabriel über den Berg war wurde ein Zwillingsbettchen kurzer Hand in eine Drillingskuschelhöhle verwandelt und die Drei, wie im Bauch ganz nah aneinandergelegt. Endlich waren unsere drei sehnlichst erwarteten Kinder zusammen und vereint.

Man muss sich vorstellen 32 Wochen bangen, warten, hoffen. Eine (Hoch-) Risikoschwangerschaft, mit 12 Wochen Laufverbot! - Und dies Alles nach einer Karriere als Führungskraft mit 50 Stundenwoche bei einem Pharmariesen! Ein sofortiges Arbeitsverbot verordnet von meiner Gynäkologin, riss mich direkt aus allen Projekten und hinein ins „Brüten“, wie mein Mann immer so schön sagte. Und das tat ich mit meiner ganzen Kraft! Ich wollte mir beweisen, dass ich es schaffe, diese drei Kinder sicher auf die Welt zu bringen, trotz bestehendem Risiko eines oder mehrerer Abgänge.

In den letzten Wochen im Krankenhaus wurde es Gabriel in der 32. Woche als Erster in seiner Fruchtblase zu eng und leitete damit die Geburt ein. Wir haben dreieiige Drillinge. Das heißt jeder hat seinen komplett eigenen Genpool und seine eigene Fruchtblase. Keine gleichen Kinder.
Schnell noch meinen Mann anrufen, das seit 32 Wochen parat stehende Ärzte-Team alarmieren und die notwendigen 25 Personen in den OP rufen. Die Betäubung wurde vorbereitet.

Eine Spinal-Anästhesie hätte es sein sollen und keine Peridual-Anästhesie, wie erst verabreicht. Man hatte übersehen, dass ich nicht nur ein Hoch-Risikopatientin wegen der Drillings-Schwangerschaft war, sondern durch meine vorhandene Autoimmunerkrankung eine spinale Betäubungsart notwendig ist.
Diese dauert länger bis sie greift, so dass, in der Notlage, mein

das was ist, ist der Blick nach vorne. Alleine diese kleine aber feine Veränderung der Perspektive ändert das ganze Leben.
Unsere Freude darüber, dass Gabriel den Kopf eigenständig gedreht hatte oder er seine spastische rechte Seite zum Stützen eines Spielzeuges herangezogen hatte, war so groß wie die Freude darüber, dass die anderen Zwei die Windel losgebracht hatten.

Diese Dinge fallen einem nur auf, wenn man den Blick nach vorne richtet. Konsequenterweise begannen wir in dieser Phase auch alle kräftezehrenden Gedanken an das Warum und Wieso abzuschütteln und uns davon zu befreien.
Der Ballast der Vergangenheit verschwand und daraus wurde die Kraft, die wir täglich unseren Kindern geben, für das gemeinsame Leben in einer glücklichen Gegenwart.

Einstein sagte mal: Die Distanz zwischen Vergangenheit, Gegenwart und Zukunft ist nur eine Illusion, wie hartnäckig sie auch sein mag. Die Zeit kommt aus der Zukunft, die noch nicht existiert, in die Gegenwart, die keine Dauer hat und in die Vergangenheit geht, die aufgehört hat zu existieren. Was für ein schöner Spruch über das Leben. Also schreiben wir über das Leben und die Zeit, die wir einfach verbringen dürfen, egal wann, in der Vergangenheit, Gegenwart oder Zukunft.

Ich erinnere mich an unseren ersten Besuch in der Frühförderung bzw. die dazugehörige integrative Kinderkrippe. Das war die erste Einrichtung, in die wir Lisa anderen Menschen anvertraut haben.
Neben Lisa waren noch 2-3 andere behinderte Kinder in derselben Einrichtung. Es fiel mir anfangs sehr schwer über die Behinderung von Lisa mit Fremden zu sprechen. Ich erinnere mich, fast jedes Mal früher oder später geweint zu haben. Ich spürte oft diese mitleidigen Blicke und dann tat ich mir selbst leid. Immer nur ganz kurz.
Die Einrichtung war ein Segen. Lisa war dort bereits mit knapp 1,5

Jahren jeden Tag von ca. 8.30 bis 14 Uhr untergebracht. Bekam dort ihre Therapien, Physiotherapie, Ergotherapie, Logopädie. Sie hatte bedingt durch ihre Behinderung und einen kleineren Kehlkopf und Rachen, Schluckbeschwerden, konnte anfangs nur alles püriert essen. Wir hatten immer Sorge, dass sie sich verschluckt und erstickt.
Aber sie ist ein kluges Mädchen, hat alles gelernt, ist interessiert und ja auch bei uns gibt es keine Entwicklungs-Prognose. Alles kann, nichts muss und eigentlich ist das wunderbar. Zu unserer Entwicklung als Eltern gehörte dazu, zu lernen, dass man immer zuviel von anderen Menschen erwartet. Man nimmt sie nicht mehr so hin, wie sie sind. Immer Druck, immer Zwang, Erwartung, den Vorstellungen anderer zu entsprechen, immer mit anderen vergleichen. Auch wir sind demütig geworden, wir haben uns von dieser Gesellschaftsnorm verabschiedet und ich sehe das als unseren persönlichen Befreiungsschlag.
Auch der nach dieser Zeit folgende integrative Kindergarten war einfach selbstverständlich und alles lief leicht, bzw. leichter, als wir es uns anfangs erhofft und gewünscht hatten. Zugegebenermaßen sahen wir einen schweren und mühevollen Weg auf uns zukommen.

Eine der ersten schönen Geschichten über das zwanglose und vorurteilslose Miteinander haben wir bzw. Lisa im Kindergarten erlebt.
Eines Tages kam ein Flüchtlingskind (soweit ich mich erinnere aus Afghanistan) in die Kindergartengruppe von Lisa hinzu.
Er konnte kein Wort Deutsch. Als ich Lisa an einem heißen Sommernachmittag vom Kindergarten abholen wollte, saß sie mit dem Jungen unter einem Baum und sie sahen sich gemeinsam ein Buch an und Lisa deutete um sich rum auf Gegenstände, Bäume, Traktoren und hat sie im Buch wieder gezeigt und der kleine Junge tat das gleiche.
Die Kindergärtnerinnen erzählten mir später, daß Lisa die einzige

war, die ihn auch sofort verstanden hat. Lustigerweise hat er dann - wie Lisa - alle Kinder erstmals mit einem herzlichen Hey begrüßt. Natürlich lernte er sehr schnell die deutsche Sprache und fand viele Freunde im Kindergarten, aber zu Lisa hatte er, bis sie den Kindergarten verließ, eine besondere Bindung und war der große Aufpasser.

Wie schon erwähnt, war Lisas Behinderung ihr äußerlich in den ersten 1,5 Jahren nicht anzusehen. Sie war etwas zierlicher, als andere Kinder in ihrem Alter. Und ja natürlich war ich traurig, alle liefen, Lisa fing gerade mal an zu krabbeln. Ich erwischte mich anfangs oft bei dem Gedanken, oh, die Kleine vom Nachbarn, die genau so alt ist wie Lisa, sitzt schon, krabbelt oder läuft... Lisa noch nicht. Alles kam verzögert. Das tat zunächst schon irgendwie weh. Aber das legte sich irgendwann, wir sind glücklich über jeden Fortschritt und nehmen Lisa, so wie sie ist. Wir fördern Sie, überfordern sie aber nicht. Das passiert tatsächlich intuitiv.

Vor kurzem saß ich, mit meiner mittlerweilen recht großen Lisa, beim Eis-Italiener, und als ich ihr sagte, wenn der Mann im gelben Shirt rauskommt, dann rufen wir ihn und bestellen das Eis. Lisa wartet gespannt und plötzlich kam der Mann im gelben Shirt raus, Lisa schrie aus vollem Halse ‚hey‘ und deutet auf sich und die Eistheke und ihren bereits einmal geleerten Eisbecher. Sie wollte Nachschlag. Ich freute mich, sie wurde verstanden. Der Eismann brachte sofort Nachlag ihrer Lieblingssorte – Erdbeere.

DER ALLTÄGLICHE ABWECHSLUNGSREICHE WAHNSINN

Ja das Leben... und die täglichen Freuden. Heute waren wir zusammen im Freibad. Eine Situation, die noch vor ein paar Jahren völlig unmöglich gewesen wäre. Papa musste wieder zur Arbeit ins entfernte Bonn fahren und wir haben beschlossen nochmals unsere Familienkarte zu nützen. Meine Tochter - Feuer und Flamme genau wie mein Sohn Juan.
Gabriel auch aus dem Häuschen, aber nur unter der Bedingung seinen „Blubb" mitzunehmen. Das ist seine kleine Plastikkanne. Ja man muss „Gabrielisch" können, um manches zu verstehen, was ihn glücklich macht. Hier ein kurzer Einblick in seinen lustigen, wenn man es weiß, echt clever zusammengebauten, Wortschatz: Gabriel sagt: „Bier" (meint aber „Papier"). Da wir uns hier im tiefsten Oberbayern befinden ist „Bier" natürlich ein Wort das sofort „verstanden" wird. Der willkürlich ausgewählte Badegast: „Nein Bier habe ich keines". Ich muss schmunzeln und manchmal lausche ich den Versuchen der Leute eine Logik reinzubekommen, in das was er sagt. Denn dann kommt die große Verwirrung, wenn er kontert mit: „Bier bamm" was in seiner Sprache heißt „Ich will zum Recyclinghof und Papier in die Tonne werfen." Sein Gegenüber aber meint jetzt fliegt gleich die Bierflasche und kontert schnell: Der Badegast: „Nein, Bier schmeißt man nicht runter".

Witzig ist auch seine Kreation zum Thema Süßigkeiten. „Bombai" abgeleitet von Bonbon ist eine Süßigkeit. Und wenn er dann noch an die Kasse des lokalen Supermarktes stürmt, den er übrigens „Bank" nennt und nach einem „blauen Bombai" fragt, dann weiß

nur die Verkäuferin und ich, dass er ein Gummibärchen will. Die Farbe „Blau", und das muss man auch wissen, ist bei ihm ein Synonym für „das Beste". Genau wie „Oma" ein Synonym für alle erwachsenen, weiblichen Personen ist; das Wort „Laura" betitelt alle Nachbarn und der „Opa" ist die männliche, erwachsene Person. Man kann sich in der Popularitäts-Rangfolge nach oben arbeiten, wenn man beim Namen genannt wird. Unsere Gabriel-Sitterin, der ich später auch noch ein Kapitel widmen werde, hat es als seine Kindergärtnerin als erste geschafft.
Sie war einfach konsequent und hat es abgelehnt „Oma" genannt zu werden, was aufgrund Ihrer Jugend nur zu verständlich ist. Er kann ihren schweren Vornamen - Natascha - perfekt aussprechen.

Gabriel nennt sich selber „Lela Bai". Wie ich eingangs schon erwähnt hatte, ist mein Mann gebürtig aus dem persischen Raum und spricht neben Deutsch und English auch Punjabi. In Punjabi heißt Bruder „Bai". So nennt Gabriel also seinen Bruder Juan. „Lela" steht für Nutella seine nächste Leidenschaft- gleich hinter der Müllabfuhr und dem Wertstoffhof. Das heißt es ist klar, dass er der „Nutella-Bruder" sein muss. Ist das nicht clever? Aber IQ unter 70, wie eingangs erwähnt.
Wenn wir uns manchmal knuddeln und herzen und ich zu ihm sage: Du bist so ein Schlingel, antwortet er todernst: „Nein ich Lela Bai!" Was bringt er uns damit oft zum Lachen. Und welch eine Freude seine Geschwister haben, ihm die schlimmsten Wörter beizubringen. Die neueste Errungenschaft ist „Balabala". Dann fragen sie, „Gabriel, wer ist balabala?" und er antwortet, rotzfrech „Mama". Das krakeelt er dann auch sitzend im „Wauwau" dem „Einkaufswagen" durch die Gänge des Bioladens. Bisweilen wurde ich auch schon gefragt „Welche Sprache spricht er denn?" oder „wächst er zweisprachig auf?". Manchmal wenn ich Lust habe, sage ich: Ja er spricht Punjabi, die Landessprache meines Mannes. - Kann eh keiner nachweisen. :-)

Im Freibad, um darauf zurückzukommen, liebt er es, die große Wiese abzulaufen und dann bei irgendeiner Großfamilie hängenzubleiben. Am besten die mitleidige Oma anzuschauen und „Mama da?“ zu sagen.
Dann beginnt das geschäftige „Suchen nach der Mama“, die ungefähr ein Meter hinter ihm steht. Wenn ich dann die Hand hebe und sage „ich bin die Mama“ holt mich wieder das Problem mit der leiblichen Mutter ein, die ich nicht sein kann. Der arme Bub muss doch verlorengegangen sein und die Mama weit weg. Echt amüsant. Manchmal schicke ich dann Savannah oder Juan, ihn zu holen. Ihnen wird wenigstens zugetraut, aus derselben Familie zu sein.
Das Freibad ist generell ein interessanter Spielplatz für interessantes Verhalten. Ist Ihnen schon einmal aufgefallen, dass die Mütter und Omas am Babybeckenrand anscheinend nur der Bräunung wegen im Freibad sind, aber ein Tröpfchen Wasser auf der Haut als störend empfunden wird? Im Freibad? Das ist für Gabriel, und nicht nur für ihn, nicht logisch. Mit „Blubb“ bewaffnet mischt er sich unter die anderen Kinder: Kanne auffüllen und wieder ausleeren. Blumen gießen und dann Bänke. Und dann blitzschnell eine Ladung über die, am Rand sitzende Mutter oder Großmutter. Zugegeben eine unerwartete Situation. Dann wird sich rasch getrocknet und natürlich, man kann es schon ahnen-ich schreite zur Entschuldigung und ernte den „Unerzogener Bengel“ Blick.

Anfangs war ich oft unsicher, wie ich damit umgehen soll, dass man Gabriel für sein Verhalten schimpft, ohne dass er etwas dafür kann, da er es noch nicht versteht. Ich war sauer auf die Menschen, die nicht nett zu ihm waren, ohne diese allerdings darüber aufzuklären, warum sie in meinen Augen unfair reagiert haben. Sauer, weil sie vielleicht so vermeintlich perfekte Kinder haben?
Das mache ich heute anders. Vor zwei Wochen im Italienurlaub z.B. haben zwei Buben Gabriel am Pool dafür ausgelacht, dass er immer an seiner Badehose gespielt hat, um mir zu sagen, dass er

auf die Toilette muss. Der Vater saß daneben und hat mitgemacht und mitgelacht!
Da bin ich innerlich kochend aber äußerlich ruhig hin und habe mir den Kleineren Jungen geschnappt und ihm erklärt, dass Gabriel noch nicht so gut sprechen kann und die einzige Möglichkeit zu zeigen was er will, ist auf seine Hose zu zeigen.
Ich habe ihm gesagt wie unschön es ist, jemanden auszulachen und dass das wehtut, wie er sicher verstehen kann. Eigentlich Aufgabe des Vaters, dem Kind diese Grundwerte beizubringen. Er hat genickt und zugehört. Er hat nie wieder über Gabriel gelacht.

Schade nur, dass die Eltern nicht auf die Idee gekommen sind, ihren Kinder Respekt gegenüber Mitmenschen beizubringen. Ich denke mittlerweile, es ist egal was für eine Geschichte man hat oder ob jemand die Geschichte kennt oder nicht aber der korrekte Umgang mit seinen Mitmenschen sollte man einfach beherrschen und mindestens genauso wichtig, den Kindern vermitteln. Kinder verstehen schnell, aber sie brauchen Vorbilder und kleine Orientierungen im Leben. Gerade Kinder, die in einer vermeintlich heilen Welt aufwachsen - wie ich im Übrigen auch - können besser mit dem Anderssein zurechtkommen, wenn man Ihnen in frühester Kindheit zumindest die Grundwerte eines gemeinschaftlichen Zusammenlebens Gleichgesinnter und Andersartiger vermittelt hat. Ich habe Gott sei Dank noch diese Kinderschule durchlaufen und kann deshalb heute zu diesen Erkenntnissen kommen.

Trotzdem haben die vielen Wochen mit Gabriel auf Intensivstationen, Kraft genommen und immer wieder von Neuem, Hoffen und Bangen, dass „es gutgeht“ erzeugt. Immer wieder dachte man „Überm Berg zu sein“ und dann wacht der Kerl nicht aus der Narkose auf, der Alptraum (m)eines Lebens. Atmung auf null und keiner weiß warum. OP gut verlaufen, hatte es geheißen. Warum dann das? Ein Krampfanfall gleich nach der OP am offenen Gehirn. „Kann vorkommen“ sagten die Ärzte danach. Aber vorbereitet ist man darauf nicht.

Und jetzt zoomen wir zurück in die Kannensituation im Freibad. Gabriel lebt und steht neben mir, mit seiner Kanne und von der OP kahlgeschorenem Kopf voller Narben. Ich bin stolz darauf, wie er tapfer dasteht und würde ihn am Liebsten umarmen, weil er auf die lustige Idee gekommen, ist einen „Menschen zu Gießen".
Diese Dimension meiner, ein wenig komischen Gedanken, werden wohl dann doch nur Menschen verstehen, die ähnliches mitgemacht haben, aber das ist auch okay so.

Warum waren wir eigentlich so oft auf Intensivstationen? Der Shunt hätte doch nur einen Eingriff bedeutet für den Rest des Lebens?
Es ging wieder einmal darum, dass wir etwas lernen sollten. Eine weitere Perspektivänderung: Es gibt Eltern und Kinder da draußen, die noch viel tapferer sein müssen, als wir. Wir haben in dieser Zeit Kinder kennengelernt, die mit 2 Jahren schon Dauergast im Nothubschrauber waren, mehrfach erfolgreich wiederbelebt wurden. Die die Ärzte, die sie schon abgeschrieben hatten, eines Besseren belehrt haben. Die Eltern dazu, wandelnde Tatoo-Kunstwerke und Piercing-Ringe/Stecker Dolche am ganzen Körper. Ich muss zugeben für mich, für den schon eine Kurzhaarfrisur eine echte Mutprobe ist, anfangs ein Grund für Vorbehalte.
Aber drei gemeinsame Nächte im Intensiv-Doppelzimmer, an der Seite unserer schwerstkranken Kinder, hat sämtliche Vorbehalte schmelzen lassen und uns zu einer Art elterlicher Kampf-Einheit zusammengeschweißt, die man sich nicht vorstellen kann.
Alle Äußerlichkeiten verschwinden. Übrig bleibt nur eine Mischung aus gebündelter, elterlicher Energie, Liebe, Hoffnung und Fürsorge und uneingeschränkte Aufmerksamkeit, ja ein fast kindlicher Versuch dem kleinen Menschen Linderung zu verschaffen. Nur die Art und Weise, wie man das zusammen durchsteht, hat den „Tattoo Papa" von anderen Eltern unterschieden. Er war der Einzige,

der mir jemals auf einer Intensivstation ein Bier angeboten hat - genauer gesagt hatte er einen Kasten Bier dabei. Das Bier wurde auf den Betten unserer todkranken Kinder sitzend getrunken. Wir haben uns unterhalten und versucht Normalität in diese dramatische Situation zu bringen. Eine einmalige Erfahrung!
Sein Sohn hat die Nacht überlebt, Gabriels Fieber sank endlich am nächsten Tag und es war der Beginn eines unglaublichen Durchbruches in seiner Krankengeschichte.

Mit der Bezeichnung „perfektes Kind!“ hadere ich, tat ich aber schon immer! Wir haben viele Freunde, mit auf den ersten Blick perfekten Kindern, die auf den zweiten Blick alles andere als das sind. Mit perfekten Kindern meine ich, Kinder ohne körperliche oder geistige Mängel. Ich weiß, daß kaum Eltern, das über ihre Kinder sagen würden, aber so sehen das Außenstehende.
Darf diese Bezeichnung Perfekt für Menschen generell verwendet werden? Wie definieren wir perfekt? Äußere Schönheit, innere Schönheit. Italien ist schön, Holland auch. Mein Mann sagte anfangs: Na ja, wir wollten nach Italien, sind jetzt in Holland gelandet, aber da ist es auch schön!

Die sozialen Medien fördern dieses Bild der Perfektheit von Menschen. Das sind wir aber nicht. Aber neue Filter machen es möglich – oberflächlich betrachtet - also ist alles nur eine Illusion, das Leben, die Wirklichkeit ist nunmal anders.
Man sollte nicht wegschauen, nein hinschauen (nicht glotzen), neugierig sein.
Natürlich erleben wir mit Lisa auch Situationen, bei denen andere, die mit Behinderungen sonst wenig zu tun haben, erschrecken, Berührungsängste haben oder sogar verständnislos sind.
Lisa z.B. ist – „typisch Mädchen“ – „Glitzer-Verrückt“. Sobald sie jemanden mit Glitzer bzw. einer Glitzertasche o.ä. sieht, möchte sie es anfassen.
So z.B. letztens im Supermarkt passiert. Für 10 Sekunden nicht

aufgepasst und schwups, schnappte sie sich die Tasche einer anderen Kundin. Die hat natürlich ganz entsetzt die Tasche zurückgezogen und mich mit den Worten „passen Sie doch mal auf Ihr Kind auf" zurecht gewiesen. Böser Blick, dann Unsicherheit, weil sie merkte, irgendwas ist anders! Aber man lernt, damit umzugehen und wie gesagt, ich kenne Leute mit „gesunden" Kindern, mit denen man kein Restaurant betreten kann, geschweige denn verreisen.

Lisas Wortschatz ist recht beschränkt.
Was sie allerdings mit Mimik, großer Gestik und noch größerem Durchsetzungsvermögen wieder wett macht! Morgens wacht sie mit einem fröhlichen „Hey" auf (ja, unser Kind spricht schon schwedisch ;-)) Mama bedeutet „Eida", Papa ist „Ei". Sie kann A, E, I, O, U sagen, auch den Namen einer Freundin „Anna" spricht sie aus, wobei Ananas bei ihr auch „Anna" heißt.
Wenn man ihr sagt:" Sag doch mal Mama Lisa!", dann lacht sie einen verschmitzt an und schüttelt den Kopf. Wir verstehen Lisa sehr gut, Freunde, Bekannte bzw. Großeltern nicht alles.
Zur Kommunikationsunterstützung starten wir ab Oktober trotzdem ein neues Projekt mit Lisa und planen einen Talker (das wird allerdings mächtig in die Hose gehen; dazu aber später).
Mittlerweile beherrscht sie recht viele Gebärden, allerdings nicht gebunden an irgendwelche Normen, nein, sie erfindet ihre eigenen Gebärden und erklärt sie uns. Hier ein paar Beispiele:

- Über das Kinn streichen, heisst: Hund.
- In das Kinn zwicken, heißt: Sabrina
(sie ist verrückt nach allen Sabrinas und vor allen nach blonden langhaarigen jungen Frauen).
- Sich am Daumen anfassen, dann möchte sie: Erdnuss Flips oder Kasperle Theater spielen.

Es ist wirklich toll, wie kreativ sie ist und wie sie uns erklärt, was sie meint. Lisa versteht wirklich alles und auch Zusammenhänge!

Das ist ein großes Glück! In der Zwischenzeit besucht sie in der Schule die GU (gebärdenunterstützende Kommunikationsgruppe) und lernt offizielle Gebärdenzeichen. Was für ein Spaß und sie lernt schnell. Im GU Wortschatz ist mittlerweile, Nudeln, Brot, Kekse, nochmal, lecker.....

Lisa hat Spaß an vielen Sachen, unter anderem auch Karussell fahren. In den großen Ferien, im vergangenen Jahr, waren wir in Wien. Der Prater hat es ihr angetan! Trotz der Lautstärke dort (sie mag nämlich sonst keinen Lärm). Die Kinderachterbahn und Karussell musste „Ei" (der Papa) solange mit ihr fahren, bis ihm schlecht wurde.
Lisa fuhr an einem kleinen Karussell zum Abschluss an diesem Tag nochmals eine Runde Feuerwehrauto und winkte ständig der Kassiererin zu, die freundlich zurückwinkte. Auf einmal winkte die Kassiererin in meine Richtung und zeigte mir, dass sie mich etwas fragen wollte. „Entschuldigung, darf ich Sie was fragen?", ich ahnte natürlich, dass jetzt irgendein Blödsinn kommen würde, „sagen Sie, sieht das Kind, dass ich ihm winke?" Meine Antwort: „Aber sie winkt doch Ihnen und Sie winken zurück", sie weiter: „Ach so, aber sie versteht das schon?". Nun ja, was soll man da antworten? Ich glaube, das ist tatsächlich Unsicherheit, oder Menschen, die unbeholfen sagen wollen, ach toll, das Kind ist glücklich. Eine süße Familie sind Sie...!

Aber es gibt ganz viele unbeschwerte und nicht ganz so unbeholfene Erlebnisse. Wir haben durch Lisa ganz tolle neue Freunde gewonnen.
Vor einigen Jahren waren wir in unserem Stammhotel am Gardasee. Bei jedem Abendessen saß ein sehr adrettes Pärchen schräg gegenüber von uns. Die Beiden hatten einen Hund dabei. Lisa ist verrückt nach Tieren. Wir konnten Lisa nicht auf ihrem Stuhl halten, ständig wollte sie zu dem Hund und ihn streicheln.

Das war für uns eine Stresssituation, wir wollten niemanden in ihrer Zweisamkeit stören. Aber Lisa war unnachgiebig, bis sie mit dem Hund unter dem Tisch liegen durfte. Ein Tibet Terrier. Ein ausgesprochen liebenswertes Wesen und sie haart nicht und riecht nicht (wunderbar!). Ein Allergikerhund! Und das Beste, er gehört zwei so liebenswerten Menschen aus Düsseldorf. Sie erkannten unsere Zwickmühle und baten uns einfach, uns zu ihnen zu setzen. Gesagt – getan.
Tja, seitdem treffen wir uns einmal jährlich am Gardasee, oder am Tegernsee, Düsseldorf und dieses Jahr steht sogar ein gemeinsamer Urlaub in den Sommerferien an der holländischen Nordseeküste an. Wir sind im regelmäßigen Nachrichten-Austausch (was Lisa übrigens auch liebt – Videoanrufe!). Und diese wundervollen Menschen, mit ihrem so süßen Hund, hätten wir sicherlich ohne Lisa nie kennengelernt.

In unserem Gardasee-Hotel ist Lisa bekannt „wie ein bunter Hund“. Seitdem sie zwei Jahre alt ist, fahren wir mit ihr gemeinsam mindestens ein bis zweimal jährlich dort hin. Sie kennt dort alle, liebt eine Bedienung mehr als die andere, herzt die Zimmermädchen, die sie liebevoll Princepessa nennen und es sind ausgesprochen entspannte Urlaubstage mit ihr dort.
Lisa ist generell ein tolles Reisekind. Flüge, auch Langstrecke, mit Lisa, kein Problem. Wir sind sehr glücklich darüber.
Ich muss sagen, es ist generell so, dass wir durch Lisa ganz ausgewählte Menschen kennenlernen. Sie sortiert die Menschen für uns aus. Lisa hat ein ausgesprochen feines Gespür für Stimmungen und für positive und negative Schwingungen und Energie bei Menschen. Manchmal befürchte ich fast, sie sieht was anderes als ich/wir oder einfach nur mehr.

Und auch Dich, liebe Severine, habe ich – ohne jegliche Einschränkung - durch Lisa kennengelernt.

LEBENSBEGLEITER UND - UNTERSTÜTZER

Ja, das ist wahrlich eine schöne Gegebenheit, die uns zusammengeführt hat, und unserem Leben mit Gabriel und seinen Geschwistern Bereicherung gibt.
Auch wir haben diese Erfahrung gemacht, mit besonderen Kindern auf besondere Menschen zu treffen, daher widmen wir diesen besonders tollen Menschen das folgende Kapitel.
Zuweilen wird es dabei auch ein wenig spirituell oder „unglaublich" aber gerade das ist manchmal der letzte Ast nachdem man greift.

Als Gabriel so 2 Jahre alt war, durchlief er eine Phase seiner Entwicklung, in der wir oft sehr ratlos waren, wie wir ihm helfen können. Der Frust über das (Noch-)Nicht Können vieler Dinge, wie wir annahmen, brachte Gabriel selbst an persönliche Grenzen, die sich in Zorn und Wut niederschlugen. (Leider sollten wir hier nur teilweise Recht behalten).
Sein Frust über das „Irgendetwas" kanalisierte er in haarsträubenden Wutanfällen-meist gerichtet gegen sich selbst.
Er schlug seinen Kopf gegen Alles, scharfe Kanten und Marmorböden und war erst fertig in einem Zustand völliger, geistiger Erschöpfung!
Das anzusehen, war für uns schier unerträglich, aber außer ihn in eine sichere Umgebung zu bringen, in der die Verletzungsgefahr gering war, gab es für uns hier nichts zu tun.
Wir nahmen sogar eigene Verletzungen durch seinen Zorn auf uns, um ihn vor sich selbst zu schützen. Das waren sehr schlimme und traurige Momente in unserem Leben, in denen auch oft Tränen

der Verzweiflung flossen! Einmal flog ein Buch in mein Auge und bescherte mir ein Blaues Veilchen und meinem Mann im Dorf viel Gerede. Mehrmals hatte ich das Gefühl meine Nase sei gebrochen von einem Schlag seines harten Schädels gegen dieselbe.
Bis heute wissen Savannah und Juan an welcher Stelle im Wald Gabriel mir fast die Nase gebrochen hätte! Also auch für sie eine traumatische Sache, die sie immer wieder erwähnen, aber in der Zwischenzeit gut wissen einzuordnen.
Heute, Gott sei Dank, lachen wir darüber zusammen.
Natürlich auch Ihre Fragen: „Warum macht er das?"
Wir hatten nicht immer eine Antwort. Die Zwei haben es engelsgleich ertragen, dass es oft laut war und eine „aufgewühlte Atmosphäre herrschte". Sie haben es ertragen, dass wir oft abbrechen mussten, ob bei Verwandtenbesuchen oder Ausflügen, weil Gabriel einfach überfordert oder unausgeglichen war.
Wir mussten uns oft zurückziehen.
Woher kommt es, fragt man sich sicher, dass Gabriel Dinge (noch) nicht konnte und kann?
In Gabriels Kopf sind durch die massive frühkindliche Hirnblutung Entwicklungs-Programme zum Teil komplett gelöscht, zum Teil teilweise abrufbar, können zum Teil von anderen Hirnteilen übernommen werden, auf jeden Fall aber in anderem Tempo und in ungeregelter Reihenfolge. Ein bunter Flickenteppich!
Vergleichbar mit einem Computer, der beim Hochfahren erst Word öffnet, bevor das Betriebssystem steht. Mit Word kann man dann erstmal noch nichts anfangen und ob das Betriebssystem überhaupt hochfährt und wie weit ist nicht klar.
Um Antworten auf die Fragen zu finden, was in Gabriel derzeit die Unruhe auslöste besuchten wir ein Medium. Eine sog. Engelsflüsterin. Sie nahm vor meinen Augen Kontakt mit seiner Seele auf und konnte uns nicht nur ausrichten was ihn belastete, sondern auch Altlasten aus seinen früheren Leben angehen und beseitigen. Wie das genau geht, kann ich schwer schildern, weil es kein sachlicher Vorgang ist, aber es ging.

Für einen bodenständigen Menschen wie mich war das ein echtes Abenteuer, sich darauf einzulassen - nicht einfach. Interessant allerdings, dass ich es für Gabriel konnte. Gabriel musste nie persönlich, anwesend sein und einmal, geschah echt etwas Sonderbares. Mein Mann war mit den Kindern zu Hause und Gabriel bei meinem Verlassen des Hauses nur am Schreien und nicht zu beruhigen. Ich fuhr zu meinem Termin und 5 Minuten später als wir mitten in der Energiearbeit waren, verstummte Gabriel plötzlich und mein Mann schilderte später, er sei völlig entspannt auf seinem Arm eingeschlafen.

In dieser umtriebigen Zeit trat ein weiterer Mensch in mein Leben, der bis zum heutigen Tag mein und unser Leben bereichert! Meine Freundin Sabine - ein wahrer Engel. Sie rollte mit ihrem Zwillingswagen neben meinen Drillingswagen vor der Apotheke im Dorf und von da an waren wir ein untrennbares Gespann.
Die Kinder, dicke Freunde, und Gabriel dabei in jeder Lebenslage! Ganz normal! Endlich traute ich mich auch mit allen drei Kindern Unternehmungen zu machen, auch wenn sie vielleicht im ersten Moment für Gabriel nicht geeignet waren. Wir waren ja immer zwei Augenpaare und vier Hände, so dass wir uns mit den Kindern austobten.

Ein kurzer Ausschnitt aus unserer Aktivitätenliste anbei:
Wir
- schleppten ihn und die vier anderen Zwerge auf den Berg im Buggy 365 Stufen hoch,
- übernachteten auf einer Hütte
- trugen ihn zusammen durchs Moor, wo er mit 3 seine ersten Schritte lief
- gingen mit ihm Baden im Chiemsee
- nahmen ihn mit ins Freibad,
- auf die Schifffahrt
- in den Vergnügungspark,

- den Zoo
- bauten Zwergenhäuser im Wald
- machten Schnitzeljagden,
- besuchten regelmäßig den Apfelmarkt

und verbrachten und verbringen bis heute unzählige Stunden gemeinsam im Garten, bei tröstendem Kaffee oder Kaiserschmarrn.

Sabine und mich verband von Anfang an unsere Liebe zu Kindern und die damit erforderliche Geduld im Umgang mit Ausnahmesituationen. Wir haben identische Erziehungsansätze und das gemeinsame Mehrlingsthema, das für stundenlangen Gesprächsstoff sorgt. Außerdem akzeptiert sie uneingeschränkt Gabriels Andersartigkeit und erträgt gleichzeitig die Folgen davon stets mit stoischer Ruhe.
Meist glich Ihre Wohnung nach unserem Besuch einem Bombeneinschlag, ihre Waschmaschine ist 10x gelaufen, Autoschlüssel verschwunden und Dinge befanden sich im Müll, die dort nicht hingehörten. Alles Lieblingsbeschäftigungen von Gabriel.
Einmal war sie kurz davor, den Kundendienst anzurufen, weil Ihre Waschmaschine nicht mehr ging. Gott sei Dank, hat sie noch rechtzeitig gesehen, dass der Stecker raus war. Der „Langfinger", wie wir Gabriel oft liebevoll nennen, hatte wieder zugeschlagen. Sein Fingerabdruck eindeutig! Es ist schön den Dingen hier mit Humor begegnen und darüber lachen zu können.
Warum macht Gabriel das? Ja das haben wir uns auch gefragt! Auch seine ausgeprägte Leidenschaft für das Öffnen und Schließen, von Allem was einen Griff hat. In der Frühförderung lernten wir das sei eine autistische Neigung.
Kinder mit Hirnschädigungen neigen zu solchen autistischen und ich muss zugeben, bisweilen für uns wahnsinnig ermüdenden Verhaltensweisen.
Das heißt: In der Wiederholung liegt die Kraft. Phasenweise habe ich gefühlte 30.000 Mal am Tag alle Handtücher im Haus wieder aufgehängt und den Müll immer wieder durchsucht nach Handys

und allen Dingen, die nicht aufzutreiben waren!
Ihn von fremden Autotüren weggezogen und unsere Hausmülltonne ½ Stunde lang auf und zu geklappt. Danach braucht man kein Yoga mehr. Es ist tatsächlich meditativ und entspannend. Nicht Dank des Geräuschs, sondern dank der Tatsache, dass Gabriel dabei wie ein hypnotisiertes Kaninchen davorsteht und man nicht im Galopp hinter ihm herrennen muss.
Da setzt man klar seine Prioritäten und steht auch mal gerne eine halbe Stunde neben der Tonne, schluckt den beißenden Geruch runter und genießt das freudige Glucksen neben einem.
Ja man schiebt sogar freiwillig die Nachbars-Tonne in seine Richtung, um sich diese Pause zu gönnen.

Aber zurück zu Sabine. Das Schöne an unserer wachsenden Freundschaft war und ist bis heute, die Flexibilität, die Unkompliziertheit und die Freude die wir alle hatten und haben, wenn wir Zeit zusammen verbringen. Besonders für Savannah und Juan war es zu dem Zeitpunkt wichtig, unbeschwert zu toben und mit Freunden zu spielen. Mal keine Krankenwagen sehen und Notsituationen erleben.
Da wir fortan fast täglich zusammen waren und damit ein vertrauensvolles zweites Augenpaar vorhanden, konnte auch ich endlich mehr auf die Bedürfnisse meiner anderen zwei Kinder eingehen. Und Gabriel war glücklich, wie er es sich immer gewünscht hat, denn er war dabei, ohne Sonderbehandlung!
Auch in großer Not und stets spontan auftretenden Krankenhausbesuchen, gab es fortan immer Herberge für unsere Kinder, und Zeit für einen Besuch im Krankenhaus mit einer Buchlieferung, gutem Kaffee von der Rösterei und aufmunternden Worten.

Zeitweise waren wir 5-6 mal im Jahr im Krankenhaus wegen Krampfanfällen oder anderen Problemen! Dort gab es eine leitende Oberschwester, die wir gut kannten, da sie uns als Nachsorgeschwester bis zum 3. Lebensjahr der Kinder betreute. Sie ist für

uns ebenfalls ein Engel, auch wenn sie sich anfangs bei uns langweilte! Ja, unsere Drillings-Babies waren so lieb, dass sie kaum schrien und nacheinander gefüttert werden konnten.
Dann vier Stunden Schlaf und weiter ging es, also auch für mich alleine gut zu schaffen. Aber unschlagbar ihre Tipps und Tricks, ihre Liebe für unsere Kleinen, ihre Fähigkeit mit Humor und Freude ihre und unsere Herzen zu gewinnen, last but not least ihre tolle Art mit Gabriel umzugehen.
Sie verschaffte uns die wenigen Momente des Durchschnaufens, ein Spaziergang mit meinem Mann oder ein Abendessen zu Zweit. Sie unterstütze uns beim Erwerb einer Pflegestufe. Sie schenkte uns ihre Kraft, Erfahrung und Fachkompetenz. Sie war neben unseren Eltern die erste Person, der wir unsere Drei ohne Probleme anvertrauten.
Sobald sie im Dienst unseren Namen auf der Aufnahmeliste im Krankenhaus sah, hatten wir die VIP Betreuung. Garantiert das 2qm Einzel-Zimmer statt dem 1qm Doppel-Zimmer. Zu jeder Tag- und Nachtzeit trieb sie Essen auf, also Nudeln und Nutella für Gabriel und sorgte dafür, dass die Ärzte ihre Untersuchungen zügig durchführten, so dass wir schnell wieder Heim konnten.
Sie passte auf Gabriel auf, brachte ihn zum Lachen, damit ich mal schnell duschen konnte! Wer schon einmal im Krankenhaus war, weiß, dass eine Dusche in Ruhe, einem Besuch im Spa gleichkommt in diesem Umfeld.
Einmal holte sie sogar Gabriel in einer Nacht und Nebelaktion aus dem Bett und setzte ihn in die kleine Wanne im krankenhauseigenen Bad. Als ich fragte, warum sie das machen will? Obwohl doch die Station voll besetzt ist und sie viel zu tun hätte, sagte sie nur: „Das wird ihm guttun." Es war großherzig und verdient noch heute unsere große Dankbarkeit.

Mit drei Jahren begann das Thema Kindergarten! Eigentlich ein sehr schönes Kapitel, wie wir erst dachten.
Wir bewarben uns um drei Plätze im hiesigen 5 Gruppen umfas-

senden, christlichen Kindergarten. Integration ist dort kein Thema sagte man uns und es gibt eine Warteliste.
So flatterten drei wortlose Ablehnungsbescheide in den Briefkasten, mit Empfehlung doch für 2 EUR Rabatt pro Kind (!) die dreifach so teure Kinderkrippe zu wählen. Für einen Moment verschlug es uns die Sprache und wir zogen die Konsequenz:
Wir beschlossen loszulassen, diesen Kindergarten, gemäß dem Motto: „Nur wer loslässt hat die Hände frei."
Die Hände frei, erfuhr ich dann auch über eine Bekannte von einem kleinen eingruppigen Gemeindekindergarten mit dem Angebot der Integration im Nachbarort unserer Gemeinde!
Angeschaut, kurzes Gespräch, gefallen, 3 Plätze bekommen!
Von da an war Gabriel ein Integrationskind.
Die Kindergartenleitung sehr aufgeschlossen und tatkräftig unterstützt durch eine Kinderpflegerin mit persönlichem Schwerpunkt Integration.

Ein Abenteuer für uns, ein erstes, dreifaches Loslassen für mehrere Stunden. Savannah und Juan konnten sich ja schon verständigen, aber auch ohne Worte, machten Sie einen auf Klammeraffen mit Krokodilstränen, gepaart mit einem verachtendem "Du kannst mich doch jetzt nicht einfach hierlassen-" Blick!

Gabriel war einfach nur er selber:
- er schloss die Kindergärtnerinnen ins Klo ein
- räumte die Beutelreihen ab,
- spielte Bingo mit den Hausschuhen,
- sprengte den Morgenkreis mit seinem Wunsch die Gruppentüre zu öffnen und zu schließen,
- schubste die anderen Kinder,
- haute drauf, wo es ihm nicht passte,
- und setzte sich in der Gruppe in Szene.

Wenn er schubste, hieß es für Alle „Keiner schubst", wenn er Türen schlug, hieß es für Alle „Keiner schlägt die Türen“ und die anderen Kinder lernten, ihn zu respektieren. Was soll ich sagen, es klappte. Er war integriert!

Einmal kam ich in den Kindergarten und wollte ihm, wie immer die Hausschuhe ausziehen und die Stiefel an, da sagte die Kinderpflegerin zu mir. „Sie wissen schon, dass er das schon selber kann?“ Nein ich wusste es nicht! Zu Hause hat sich der Herr immer schön bedienen lassen. Und als er dann noch die Kinderpflegerin „Natascha“ statt „Oma“ nannte, stieg diese für mich zu einem weiteren Engel auf.
Die beiden sind ein starkes Team und eine große Liebe, bis heute. Durch sie lernten wir den Einsatz des „schärferen Tones“, ja den Mut oder sogar die Notwendigkeit, auch einem Kind mit Beeinträchtigung klare Grenzen zu zeigen.
Heute wissen wir, dass es sogar absolut notwendig ist und benützen die gleichen Erziehungsmethoden bei Allen unseren Kindern. Wir haben gelernt auch bei Gabriel den Welpenschutz abzuschaffen.

Ich gebe allerdings zu, manchmal ein Grinsen zu verdrücken, wenn Gabriel nach einer verbalen Verwarnung beleidigt den Raum verlässt, eine entsprechend lustige Schnute zieht und beschämt auf der Eingangsbank kauert. Wie Lisa, ist Gabriel ein sehr sensibler Junge und irgendwie endet jede Erziehungsmethode dieser Art unweigerlich mit einer großen festen Umarmung und Schmuseeinheit, die Halt und Liebe vermitteln soll, trotz notwendiger Zurechtweisungen.
Gerade bei Kindern mit einem Defizit im kognitiven Bereich, ist es wichtig „das Vertraute“ wiederherzustellen. Gelernte Muster und Verhalten anzubieten, immer zu wiederholen, damit Dinge erst richtig eingeordnet werden können.

Wenn wir mal das Gefühl haben, für unsere Ehe ein wenig Zeit zu

brauchen oder mit Savannah und Juan mal eine größere Bergtour machen wollen, geht Gabriel ab und an mit seinem kleinen Rollkoffer stolz ins „Gabriel-Sitter-Camp“.
Dies ist ein Wochenende bei Natascha und Ihrer Familie zu Hause. Dort ging er das erste Mal selbständig auf die Toilette, aß auf einmal neben Nudeln auch Fisch und Wurstsemmel!
Alle lieben ihn dort. Die Mama, der Papa und Nataschas Geschwister.

Die anfangs von Severine erwähnten Engel bzw. ein unverhofftes Glück in unserem Leben, ist ein besonderer Mensch. Unsere „Lisa-Sitterin“ ist mittlerweile eine Art Ersatzoma. Sie ist die Mutter eines ehemaligen Mitarbeiters von uns.
Lisas´ Ersatzoma, fragte durch ihre Tochter bei uns an, da sie wusste, dass wir Lisa haben und sie wusste, dass Lisa behindert ist, sie aber neben ihrer Teilzeitbeschäftigung als Krankenschwester noch eine Aufgabe suchte.
Die Aufgabe war damals 3 Jahre alt.

Mittlerweile ist unsere Prinzessin 9 und die Ersatzoma ist immer noch bei uns. Wir sagen zu ihr und ihrem lieben Mann, dass sie für uns eine Art Lottogewinn sind. Wir können uns tatsächlich das Leben ohne die beiden nicht mehr vorstellen. Sie sind ein Teil der Familie geworden! Sie lieben Lisa und Lisa liebt sie!
Solange Lisa in den Kindergarten ging, war sie meist an Nachmittagen einmal wöchentlich, ab und zu mal am Wochenende bei den beiden.

Nachdem Lisa in der Schule in der Ganztagesbetreuung ist bedeutet das: Sie kommt erst ca. 16.30 Uhr nach Hause und dann macht es keinen Sinn, sie nachmittags zu betreuen. Da ist tatsächlich, Kuscheln, Spielen, Abendessen und Bettgehen angesagt. Lisa ist um 19.30 Uhr platt und wir auch!
Also haben wir eine andere Lösung, einmal monatlich wird Lisa am

Freitagnachmittag von ihrer Ersatz-Oma in Empfang genommen. Samstagabend wiedergebracht. Wir wissen, das ist ein absoluter Luxus. Wir haben somit – wie sagt man heutzutage so schön – Quality Time – für uns. Wir genießen das sehr, auch, wenn wir meist Lisa schon nach einem Abend vermissen. Aber es tut Lisa gut, und uns auch! Die Freude am Samstag Abend ist umso größer, und sie hat immer sehr viel in ihrer Sprache zu erzählen.
Spontan, also falls mein Mann unterwegs ist und ein Elternsprechtag ansteht o.ä. springen auch mal ihre erwachsenen Töchter ein, die auch zwei Goldstücke sind. Eine von ihnen mittlerweile selbst stolze Mama.
Wie gesagt, ist Lisas Ersatzoma, Krankenschwester (aber keine Nachtschwester – dazu später). Wir hören immer, wie brav Lisa ist und zwar ihren Kopf hat und den auch mal durchsetzen möchte, aber generell, ein gut erzogenes Kind ist. Wir scheinen es richtig zu machen.

Generell ist das ist so eine Sache mit der Erziehung... Lisa ist Einzelkind. Was Severines Kinder dritteln müssen oder dürfen, bekommt Lisa allein. Manchmal Vorteil, manchmal aber auch ein Nachteil.
Wir setzen Grenzen, ganz klar und es gibt auch Diskussionen. Lisa spielt sehr gerne das ‚süße Mädchen Schema' und versucht auf jede erdenkliche Art ihren Kopf durchzusetzen. Sie macht sehr gerne die Dinge, die verboten sind. Sie allein im Zimmer zu lassen ist meist mit Überraschungen verbunden.
Neulich z.B. hat sie sich ein Geschenk geschnappt, das sie erst kürzlich erhalten hat. Eine Schneekugel mit einem Einhorn darin. Einmal so hart gegen die Wand geklopft, dass das Ding in tausend Scherben geflogen ist: Bett voller Glitzer, Lisa voller Glitzer.

Grenzen bedeuten für mich u.a. auch Geborgenheit und ich habe nicht das Gefühl, dass es Lisa schadet. Im Gegenteil.
Allerdings ist Lisa ein äußerst sensibles Wesen, sobald der Ton

schärfer wird, auch zwischen mir und meinem Mann, weint sie. Daher fällt es uns zugegeben schwer, sie zu schimpfen. Aber manchmal geht es nicht anders.
Wir dürfen uns nicht beschweren, sie ist brav, ausgeglichen und selten gestresst. Ich bin der festen Überzeugung, dass Eltern das auf ihre Kinder ausstrahlen, egal ob behindert oder nicht, Kinder sind da wie Schwämme für Stimmungsschwankungen und das spiegeln sie in ihrem individuellen Verhalten wieder. Lisa wippt, wenn irgendwas nicht stimmt oder sie aufgeregt ist. Das wird mittlerweile besser, weil sie zwischenzeitlich auch anders kommunizieren kann, aber man weiß bei Lisa sofort, wenn etwas nicht stimmt.
Grenzen austesten, das tun auch behinderte Kinder. Einen frech anschauen und dabei ganz langsam den Teller vom Tisch zu stoßen und zu schauen, was macht Ei oder Eida?
Aber ich gebe Severine recht, oft grinse ich innerlich darüber, weil ich mich freue, dass sie sich austestet und uns studiert und unser Benehmen und Verhalten.
Behinderung bedeutet nicht, daß ein Kind nicht intelligent ist. O.k., da wären wir wieder beim IQ von 70. Aber es gibt nun mal unterschiedliche Formen der Intelligenz, es bedeutet nicht, daß man Rechenaufgaben à la Einstein lösen muss. Soziale Intelligenz ist hier z.B. wichtig und bei Lisa eindeutig vorhanden! Sobald ein Kind weint, ist Lisa da, ist da sehr interessiert und tröstet. Sie teilt gerne und übernimmt Verantwortung.

Da fällt mir gerade ein, Gabriel nennt mich morgens auch immer ‚Oma' und das Klacken mit der Zunge muss sein, darauf besteht er, wenn er mich sieht und dann ist erstmal großes Gekicher angesagt.
Ich trage meist die Schultasche von Lisa. Lisa tut sich schwer mit Gehen und Schultasche auf dem Rücken. Das passt Gabriel gar nicht. Die muss sofort runter, er kennt den richtigen Platz und nimmt mir das meist ab. Ich fahre jeden Morgen mit einem Grin-

sen wieder zurück ins Büro.
Mir fehlt – leider, oder auch nicht – die spirituelle Ader, aber wie schon vorneweg erwähnt, auch ich habe im Laufe der Zeit und vor allem bei unserem gemeinsamen Start mit Lisa, so manches Mal gebetet.
Meine Engel, sind meine Seelenbegleiter und davon gibt es eine Handvoll. Es sind tiefe Freundschaften, die durch Lisa nur noch stärker wurden.
Meine engste Freundin wohnt ca. 200 km von mir weg, nördlich meiner ursprünglichen Heimatstadt Regensburg.
Ich kann mich erinnern, dass sie die erste war, die kein Mitleid mit Lisa oder uns hatte, die mit Lisa vollkommen natürlich, ohne jeden Vorbehalt und Angst umgegangen ist. Sie hat nicht gefragt, kann sie das nicht, sondern hat sich mit mir, mit uns, über jeden Fortschritt einfach nur gefreut.
Lisa liebt sie – vermutlich auch besonders, weil ein Hund ein Mitglied ihrer Familie ist. Sie war und ist immer für mich da, ist geduldig und erträgt manchmal meine spezielle Art. Wie ich und mein Mann mit Lisa umgehen, bewundert sie sogar. Irgendwann hat sie mir erzählt, ich wäre ein Vorbild für sie. Was mich beschämt hat.

Mittlerweile hat sie selbst einige Schicksalsschläge hinter sich und dafür bewundere ich sie wiederrum sehr, wie tapfer, positiv und energievoll sie ihr Leben meistert. Und ja, wir unterstützen uns gegenseitig, geteilte Freude zählt doppelt, geteiltes Leid nur die Hälfte. Auch mit ihrem Mann verbindet mich eine tiefe Freundschaft! Er selbst ist schwer krank, was unsere Freundschaft auf wundersame Art und Weise noch mehr vertieft hat, was aber auch nicht immer einfach ist.
Gemeinsam, sind wir ein Dreigestirn sonders Gleichen, lachen, weinen, feiern das Leben miteinander. Unglaublich schön, sowas erleben zu dürfen.
Und so begleiten auch mich meine Seelenverwandten oder sind es einfach nur besondere Menschen. Treue Wegbegleiter, wohin

auch immer die Reise geht und wie lange sie auch dauert.

KRANKHEITEN, KRANKENHÄUSER UND ANDERE NEBENSÄCHLICHKEITEN

Heute sind wir umgezogen!
Ein Anlass das Leben zu entrümpeln, loszulassen, sich zu erneuern. Für uns gefühlt der Anfang in ein normaleres Leben, ohne gesundheitliche Rückschläge, wie in den ersten 7 Jahre im Leben unserer Kinder.
Als Erstes haben wir unseren Esstisch auf den Wertstoffhof gebracht, weg damit! Weg mit einer traumatischen Erinnerung - dem einen großen Kratzer im Tisch - jeden Tag beim Essen!
Unsere Kleinen waren 1/1,2 und wir hatten Besuch aus Wiesbaden, der beste Freund meines Mannes und seine Frau.
Alles war schön, es wurde viel geschmust und gespielt in unserem Megalaufstall, den wir für die Kinder und eigentlich für unsere Nerven, gebaut hatten.
Ein Laufstall, ausgelegt mit Schaffell und Matratze, bodentiefen Fenstern, gepolsterter Heizung und schwer zu öffnendem Tor, alles im Blick von der Küche aus.
Perfekt für die ersten Laufübungen und Hochziehaktionen.
Alle Kinder waren kurz vor dem Besuchswochenende geimpft worden und „ein wenig Temperatur als Reaktion darauf sei möglich", sagte man uns.
Juan hatte erhöhte Temperatur. Plötzlich, auf meinem Schoss sitzend, traf es ihn wie ein Blitz und er verfiel in einen Krampfzustand mit Atemlähmung! Der Kerl verweigerte alle lebenserhaltenden Tätigkeiten! Gott sei Dank gibt es die 112 und in wenigen Minuten ist Hilfe da!
Bei uns auf dem Land gibt es eine Art „Erste Hilfe"-Vorhut die sog.

„First Responder“ die innerhalb von Minuten vor Ort sind, gefolgt vom regulären Notarztwagen. Das ist eine großartige Sache, wenn man auf dem Land lebt wie wir, wo der Notarztwagen eine längere Anfahrt haben kann. Ausgebildet sind diese „Freiwilligen Helfer“ mindestens mit Erste-Hilfe-Kurs-manchmal aber auch als Rettungssanitäter oder sogar Arzt. An diesem Abend fuhr glücklicherweise eine Ärztin mit und erkannte die Lage richtig. Sie holte noch vor Eintreffen des Notarztes einen Beatmungsbeutel und einen Defibrillator ins Haus und legte Hand an die erste Wiederbelebung unseres Sohnes.
Weiteres Beatmungsgerät, Defibrillator und die restliche gesamte Ausstattung des Notarzt-Wagens flogen wenig später in einem Metallkoffer auf unseren Esstisch! Daher der Kratzer.
Die Lage äußerst kritisch! Immer wieder setzte der Atem komplett aus und konnte nur mit viel Mühe im Einsatz soweit stabilisiert werden, bis er in den Notarztwagen verfrachtet werden konnte.
Normalerweise spürte ich beim Betreten des Raumes durch einen Arzt immer ein Gefühl von Erleichterung und Sicherheit. Nicht in diesem Fall. Ein flehentliches „Komm schon Juan, komm wieder zu uns, gefolgt von einem halb erlösenden „bleib bei uns“ -Gespräch zwischen Arzt und Patient, brachte große Panik und höllische Angst in unser Wohnzimmer.
Mein Mann fuhr hinter dem Notarzt her, und musste 2-3 Stopps des Notarztwagens ertragen – wie wir später erfahren habenweitere Atemausfälle!!! Ohne in dem Moment zu wissen, was im Auto vor sich ging.
Dass es kein gutes Zeichen sein konnte, war ihm allerdings klar. Es ist schwer sich vorzustellen, wie sich das anfühlt, wenn sein Kind ums Überleben kämpft, aber man selbst Nichts machen kann. Ich glaube, das ist das ohnmächtigste grausamste Gefühl, gleich nachdem Gefühl vom Arzt nach einer OP angerufen zu werden und zu erfahren, wie es gelaufen ist. Das ist nervlich der absolute Tiefpunkt, den man erreichen kann.
Juan schleuderte den Tisch zusammen mit Papa in den Container.

Es war wohl ein heftiger Krampfanfall! Auslöser: Die vorangegangene Impfung. Juan bekam ein Antiepileptikum, da ein solches Ereignis nicht wieder vorkommen sollte. Eine Fehlentscheidung im Nachhinein, da die Ursache die Impfung war und keinesfalls eine Anlage zur Epilepsie! So warf ihn das leider in seiner Entwicklung deutlich zurück. Erst ca. 2 Jahre später, nach absetzten des Medikamentes, ist er so richtig aus sich rausgekommen.

Eine kleiner Wissensbeitrag noch am Rande: Wenn man die 112 anruft, sollte man tunlichst die richtigen Begrifflichkeiten benutzten. Man muss ausdrücklich einen Notarztwagen anfordern und nicht etwa einen Krankentransport. Sonst kommt kein Arzt. Über diese Hürde der Deutschen Spitzfindigkeit, ist mein Mann einmal gestolpert, was zur Folge hatte, dass wir letztendlich einen Krankentransporter, einen Notarztwagen, die First Responder und einen Notarzt in separatem Auto in unserer Auffahrt stehen hatten. Die Nachbarschaft war extrem aufgewühlt von diesem Aufgebot und litt mit uns, bevor klar war, dass die Hälfte der Autos aufgrund eines fehlerhaften Anrufes im Hof stand. Klein Gabriel hatte „nur“ mal wieder einen seiner Krampfanfälle gehabt und letztendlich nicht mal einen einzigen Wagen des Großaufgebots gebraucht. Der Arzt konnte vor Ort helfen.

Zurück zum Umzug Das nächste Möbelstück: unser altes Sofa. Dutzende Male haben wir darauf die schönsten Kuschelmomente erlebt und gleichzeitig dort auf das Eintreffen des Notarztes gewartet und gehofft, dass Alles wieder gut wird! Unsere Kinder darauf gebettet, bereit zu sein für die Fragen des Notarztes.
Wann, wir was, gemacht haben, wo die Krankenkarten sind, was die Vorgeschichte ist, dass wir vielleicht noch keine Fiebersenkung vorgenommen haben, weil unsere Ärztin gesagt hat, Fiebern sei wichtig, in die Augen des Notarztes zu blicken und zu ertragen, dass er dieses Verhalten für den Krampfanfall verantwortlich hält und uns für unverantwortlich!

Zu ertragen, dass wieder einer ins Krankenhaus muss! Dass wir als Familie wieder auseinandergerissen werden! Wieder einmal Tage und Wochen neu zu organisieren! Wer passt auf die anderen zwei auf? Wann kann Papa kommen und uns im Krankenhaus besuchen? Bekommt Papa frei? Den klaren Kopf zu bewahren beim fieberhaften Packen der Krankenhaustasche, alle Medikamente und Anziehsachen. Die Idee meines Mannes immer eine gepackte Tasche parat zu haben, scheiterte daran, dass ich das nicht wollte. Als Folge habe ich von der Unterhose über den Schlafanzug und die Socken bereits Alles vergessen, was man so vergessen kann. Gott sei Dank sind die Krankenhaus-Shops darauf eingerichtet und verkaufen unter anderem Einwegunterhosen in attraktiver Einheitsgrösse, die so fest einschneiden, dass man den Abdruck Tage später immer noch sieht!
Die Frage, ob man im Krankenwagen mitfahren darf und dann die Konversation mit den Rettern im Krankenwagen. Die meisten sehr nett, hilfreich und professionell. Und wir kannten sie Alle nach einer Weile.

Eine Ausnahme - ich muss das einfach erzählen - ein Mit-Sechziger-Notarzt auf einer Krankenhausfahrt. Im Moment größter Not ist ihm nichts Besseres eingefallen, als mich zu fragen ob „Gabriel behindert sei?“ gleich gefolgt von der Frage „Wird das denn noch was?“ selbst von ihm beantwortet mit „Nein, einmal behindert-immer behindert“. Und dem noch nicht genug, setzte er noch einen drauf mit der Frage: „Sind die anderen Zwei auch behindert?“. Wäre ein Skalpell in der Nähe gewesen, hätte ich ihm vermutlich eine lebenslange Erinnerung an diese Konversation verpasst. Aber ich war wieder einmal zu sehr damit beschäftigt, mich um das Wohl unseres Kindes zu sorgen.

Und dann im Krankenhaus, die nächste Geduldsprobe! Man wird aufgenommen und sofort untersucht.
Mama bekommt, und das ist wirklich toll, ein Bei-Bett, eher eine

Pritsche, die, wenn man sie alleine aufstellt, einem mit Sicherheit den Zeh zertrümmert. Ein Aufkleber weist darauf hin - was vermuten lässt, dass dies schon passiert ist. Dann beginnt das, was ich immer Zimmerbingo nenne!
Komme ich in ein Einzelzimmer oder ein Mehrbettzimmer, wer ist im Zimmer? Die türkische Mama, deren Familie jeden Tag lecker Essen für Alle bringt, oder die besorgte Über-Mama die alle 5 Minuten nach der Schwester klingelt? Wenn man ansteckend ist oder „Verdacht auf hat..." hat man schon gewonnen. Das Einzelzimmer ist einem sicher. Also hatten wir sehr häufig „Verdacht auf...".
Gut ist immer, wenn das Kind gespuckt hat. Das klingt nach Magen/Darm, ansteckend und man ist wie selbstverständlich in Quarantäne. Heißt, in einem Einzelzimmer, meist mit Dusche im Raum. Der Nachteil: man darf das Zimmer nicht verlassen. Eine, wie man sich vorstellen kann, sehr große Herausforderung an das elterliche Spiel-/und Ablenkungstalent. Stundenlang auf 2qm abhängen und die Zeit totschlagen bis etwas passiert. Eine Untersuchung am Tag meist gefolgt von einem Essenstablett.

Ja Krankenhausbesuche sind ein Kapitel wert. Generell muss ich sagen, sind die Stationen für Kinder mit viel Liebe gemacht. Bildchen überall, Spielzimmer, in manch einem sogar ein ganzer Fuhrpark an Bobycars, Kettcars und Bollerwagen zum Bewegen in den Krankenhausfluren. Für die Babys Leih-Buggies und Kinderwagen zum Rausgehen an die frische Luft. Eine, wie ich finde, schöne Entwicklung. Man ist sich der heilenden Wirkung von frischer Luft außerhalb des Krankenhauses bewusst und lässt sobald es irgendwie geht diesen Ausgang zu.
Gabriel und mich hat das sehr oft gerettet. Wir haben oft zusammen mit der Schwester die Infusionsvorrichtung komplett aufgeladen, so dass die Batterie lange hält, alles in einen Leih-Buggy verfrachtet und los gings.
Unglaublich, wie viele Stunden man verbringen kann, die Not-

aufnahme zu beobachten und jeden Aufzug auszuprobieren. Ich glaube, ich könnte noch heute einen Plan von den zwei Krankenhäusern aus dem Kopf zeichnen in denen wir Dauergast waren.
Ich kenne die (sauberen) Toiletten und Duschen, ich kenne jede Rumpelkammer und jeden Wäscheschrank. Weiß wo ich etwas zu Essen für meinen Gabriel herbekomme, wenn er das Kantinengericht nicht isst und weiß wo ich die Kapellen (evangelisch und katholisch) finden kann.
Ein Krankenhauskapellen-Gottesdienst am Sonntag kann unheimlich heilend sein. Ich bin wahrlich kein Kirchgänger, eher ein stiller Gläubiger.
Aber jetzt saß ich oft mit meinem frisch am Kopf operierten, kahlköpfigen, immer noch fröhlichen Sohn Gabriel in einer Kapelle. Zusammen mit mehrheitlich Ü-60-Patienten. Der Kleine war dort der Held mit seiner Tapferkeit. Sein Lachen verströmte eine heilende Wirkung an diesem Ort der kranken oder traurigen Seelen und Körper.
So zündeten wir mit vielen Gleichgesinnten unzählige Kerzen der Hoffnung an und Gabriel gab den anwesenden Menschen ein bisschen von seiner Kraft. Wir sangen und beteten oft zusammen.
So ein Krankenhausaufenthalt ist schon etwas sehr Eigenes.

Man ist komplett raus, aus der normalen Welt. Bekommt nichts mit, außer viel Elend und Leid. Selbst die, für einen selbst wichtigen Informationen fehlen oft, oder werden nur vermittelt, wenn man aktiv danach fragt.
Da wir leider oft auch Intensivpatienten waren, ist das Maß des Leides oft auch sehr intensiv gewesen!
Dank Mehrbettzimmern auf Intensivstationen, die es meiner Meinung nach nicht geben sollte, haben wir hautnah erlebt, dass neben uns Kinder gestorben sind, haben die Eltern getröstet und ihre Tränen mitgetrocknet, während wir selbst, um unser Kind bangten.
Haben den Raum, indem auch unser schwerkrankes Kind Erho-

lung gesucht hat, verlassen müssen, weil ein anderes Kind Raum zum Überlebenskampf benötigte.
Ich selbst habe einen Sichtschutz vor die Nase bekommen, als meinem Sohn am Bett im Zimmer die Fäden aus der Narbe im Schädel gezogen wurden. Stundenlang war ich nachts wach gelegen, um seine Atemkurve und Puls nicht wieder absacken zu sehen. Keine Sekunde geschlafen.
An seinem Bett gestanden, getröstet, geweint und gelacht. Gehofft und gebangt. Immer wieder mit den anderen zwei Kindern telefoniert, die meist der Papa betreut hat und ihnen erklärt, dass es Gabriel bald wieder besser gehen wird, mit tränenerstickter Stimme, obwohl ich es nie wusste, ob ich mein Wort halten kann. Unzählige Bücher gelesen und Hefte über Promis, unzählige Packungen Puffreis mit Schokolade und andere Süßigkeiten aus dem Kiosk verschlungen und gewartet und gewartet und gewartet.
Positiv anzumerken ist die Tatsache, dass Eltern einen Schlafplatz bekommen, auch auf der Intensivstation. Sie können und dürfen ganz nah bei Ihren Kindern sein. Das fördert den Heilungsprozess enorm.
Nicht förderlich hingegen ist es, ein Kind nüchtern halten zu müssen, während sein OP Termin wieder und wieder verschoben wird. Was für eine Zumutung. Manchmal einen ganzen Tag lang. Warum muss das eigentlich sein? Oder, wie kann das eigentlich sein? Klar, Notfälle müssen dazwischen, aber warum hat man überhaupt einen OP Termin, wenn dieser beliebig verschoben werden kann? Man sollte es eher „OP-Vereinbarung“ nennen.

Der Einfluss der Gesundheits- und Krankenpflegerinnen auf genau diesen Prozess ist nicht zu unterschätzen! Sie koordinieren die Untersuchungstermine und rufen die anderen Stationen an. Erinnern die Ärzte an dies und das und sind, wenn nicht gerade im nächtlichen Einsatz, sehr hilfreich, wenn man sie schätzt und achtet und sich ab und an aus dem Zimmer zu einem Plausch begibt oder beim Tablett abräumen hilft.

Die meisten Nachtschwestern hingegen, vielleicht liegt es an der Schicht, benehmen sich schlichtweg als ob es Tag wäre. Da werden Türen geworfen und Lichter angemacht, Fieberthermometer viertelstündlich in den Mund gesteckt und ins Zimmer reingetrampelt, meist laut geredet! Warum?

Dieses Kapitel fällt bei uns – zum Glück – nicht so dick aus, wie bei Severine. Aber auch wir wissen, ein Krankenhausaufenthalt mit einem Kind und vor allem wenn es mal nicht um Schnupfen geht, ist etwas sehr Befreiendes.

Befreiend insofern, dass alles andere unwichtig wird! Es gibt keine messbare Zeit! Man ist sofort geerdet. Bürokramm nicht erledigt – egal, Wohnung nicht aufgeräumt- was soll's... Man weiß sofort, was wirklich wichtig ist im Leben. Auch wir haben Kinder sterben gesehen. Als Lisa am Herzen operiert wurde, hat sie sich eine Woche lang mit einem dreijährigen Mädchen das Zimmer geteilt. Die Kleine klagte auf einmal zuhause über Kopfschmerzen, ein bösartiger Tumor wurde entdeckt. Innerhalb weniger Tage konnte sie nichts mehr. Hat alles verlernt, kein sprechen mehr, kein lachen, nicht mehr laufen. Das war so unendlich traurig. Sie lag am Ende im Koma. Ich werde nie vergessen, dass ihre Oma an ihrem Bett saß und ständig das Lied ‚Häschen in der Grube' sang.
Jedes Mal, wenn ich heute dieses Lied höre, denke ich an dieses kleine Mädchen. Sie verstarb nach nur einer Woche im Krankenhaus. Es war schrecklich. Selbst die hartgesottenen Ärzte und vor allem die Schwestern trauerten offen.
Das Schlimmste war, die Mutter des Mädchens war damals hochschwanger, als die Kleine starb, kam ihr Bruder zur Welt.
Der Schmerz über den Verlust der geliebten Tochter war so groß, dass der Vater das neue Kind nicht annehmen konnte.
Es war ein Drama und ich weiß gar nicht mehr, ob ich über deren Schicksal oft mehr geweint habe als der eigenen Sorgen wegen.
Ein absoluter Ausnahmezustand. Man ertappt sich bei dem Ge-

danken, oh, anderen Familien geht es ja noch schlechter. Was wirklich schlimm ist, aber so ticken wir – nicht wahr? So ging es wohl auch den von Severine erwähnten älteren Herrschaften in der Krankenhauskapelle, die über ihr Mitleid zu Gabriel, ihre eigenen Sorgen oder Krankheiten, als nicht ganz so bedeutend ansahen.

Mittlerweile müssen wir alle zwei Jahre zur Kontrolle ins Klinikum, um das Herz von Lisa anzuschauen und jedes Mal, wenn ich vor Ort bin, sind diese Erinnerungen da.
In der Zeit der Herz-OP hatten wir tatsächlich sehr sensible Schwestern, auch nachts. Allerdings sind uns diese godzillaähnlichen Wesen, namens Nachtschwestern in einigen anderen Krankenhäuser, auch begegnet. Wir hatten zwar – außer der Herz OP – nur (ja tatsächlich im Gegensatz zu Gabriel und seinen Geschwistern) drei Notaufnahmen bislang.

Einmal:
Sturz vom Wickeltisch – der Klassiker – fragte mich immer, wie sowas passieren kann, jetzt weiß ich es....
das zweite Mal:
Sturz von der Schaukel. Beides Mal nichts passiert, allerdings mussten wir jeweils für eine Nacht zur Beobachtung bleiben
und im letzten Jahr:
Bekam Lisa eine Lungenentzündung und buchte gleich vier Nächte im Krankenhaus.

Lisa war zu der Zeit der Lungenentzündung ständig erkältet und irgendwann hat nichts mehr geholfen, keine Fiebersenker.
Leider wurde die Lungenentzündung erst auf dem Röntgenbild sichtbar. Mehrere Entzündungsherde hatten sich gebildet, jedoch so klein und so verstreut, daß man beim Atmen nichts gesehen geschweige denn gehört hätte. Denn auch der Husten hielt sich in Grenzen. Lisa hatte hauptsächlich Magenkrämpfe.

Da muß man erstmal draufkommen, daß das evtl. die Lunge sein kann.

Die Nacht-Schwestern dort, rempelten mit Vollgas ins Zimmer! Das große Licht wurde eingeschaltet. Meist, wurde mehr geschrien als geflüstert. Obwohl es eine aussergewöhnliche und absolute Stress Situation für alle Eltern ist mit ihren kranken Kindern im Krankenhaus zu sein, wird einem diese besondere Art der Nachtschwestern zugemutet. Dabei gibt es kaum Einzelzimmer mit seinem Kind, meist unbequem und mit anderen Kindern und deren Müttern oder Vätern in einem Raum zu schlafen, ist schon ein besonderes Erlebnis. Mit einer Taschenlampe in die Augen zu leuchten, ein anderes. Auch wenn das alles notwendig ist, die Art, wie man es tut, ist entscheidend.
Amüsant ist, dass diese Schwestern meist Brunnhilde, Gerlinde, Olga o.ä. heißen. Der Hinweis von mir: "Bitte, geht das leiser? Es reicht doch, daß ich wach werde, meine Tochter kann doch einfach weiterschlafen! Die Antwort meist darauf: „Ich mach hier nur meine Arbeit"! Ich hätte am liebsten ergänzt: „Und nicht einmal diese mit Herzblut".
Die Schwestern tagsüber grinsten nur über die Berichte und Beschwerden über die Nachtschwestern. Mehr als ein mitleidiges: „Ja, die sind nun mal so" war diesen aber auch nicht zu entlocken.

VOM 'BUCHBINDER WANNINGER' UND BEHINDERTENPARKAUSWEISEN

August 2016 haben wir versucht, einen Behinderten-Parkausweis zu beantragen. Nachdem ich mit Lisas Behindertenausweis im für uns zuständigen Amt vorstellig wurde, wurde ich an das dafür zuständige in München sitzende Amt verwiesen, einen neuen Behindertenausweis zu beantragen, mit den Merkzeichen GBH.
Gesagt getan! Ich bin recht schnell mit so etwas, allerdings die Ämter nicht. Sieben Erinnerungen später und acht Monate ins Land gezogen, kam der neue Ausweis.
Man muss dazu sagen, dass wir den Behindertenparkausweis lediglich für max. 2 Jahre haben wollten und wollen. Lisa fängt an, an der Hand zu laufen, und mittlerweile einige Schritte selbständig, noch nicht weit und nur wenn sie gut gelaunt ist. Allerdings ist ein selbständiges Ein- und Aussteigen ins bzw. aus dem Auto, nach wie vor nicht möglich.
Nachdem Lisa mittlerweile 9 Jahre alt ist und wirklich nicht mehr sehr leicht (23 kg), fällt es uns immer schwerer, sie aus dem Auto herauszuheben, ausserdem mit dem Reha-Buggy, der einfach mehr Platz benötigt als ein normaler Buggy, zu hantieren... es ist wirklich nicht einfach.
Nun ja, also, ich freudestrahlend mit neuem Ausweis ins Amt. Ja, so einfach geht das nicht, man müsse erst beim anderen Amt (von dem ich gerade den neuen Ausweis auf Anraten erhalten habe) eine Bestätigung einholen, dass wir dazu berechtigt sind... was für ein Unfug!?
Die Sachbearbeiterin meinte, das geht recht schnell. Maximum zwei Wochen Bearbeitungszeit. Tatsächlich kam nach zwei Wo-

chen ein Schreiben, allerdings wurde uns der Antrag auf einen Behindertenparkausweis abgelehnt. Begründung: Wir haben keinen Rollstuhl!
Aha...somit wurde unsererseits ein Widerspruch eingelegt. Aufgrund dieses Widerspruchs hat man sich erbarmt, uns für drei Monate einen Behindertenparkausweis zu gewähren, mit der Option, uns an die Seite eine Behindertenbeauftragte als Beratung und Hilfe zur Seite zu stellen, der/die würde alles Notwendige für uns in die Wege leiten.
Dann begann eine Art „Buchbinder Wanninger"- Geschichte.

Ich bekam von der mir zugesagten Hilfe, die zunächst die Behinderung von Lisa feststellen wollte. Ach, kleines Missverständnis, das Kind ist ja von Geburt an behindert. Es ging weiter, jede Woche eine neue Anforderung, Bestätigungen vom Arzt, dass Lisa nicht läuft, warum, wieso nutzen wir einen RehaBuggy und keinen Rollstuhl?
Ganz einfach, wir wollen uns auch hier nicht stigmatisieren lassen und wir kommen mit dem RehaBuggy gut zurecht und hoffen, dass Lisa in den nächsten Jahren komplett selbständig laufen kann.
In jedem Fall eskalierte die Situation, da ich nach Monaten Unterlagen erbringen und ewig langen E-mails, den Satz sagte, ich komme mir veräppelt vor (o.k., ich habe vielleicht das andere V-Wort benutzt).
Daraufhin wurde ich als schwierig, unzugänglich und beleidigend eingestuft.
Man hat danach tatsächlich versucht, hinter meinem Rücken, Kontakt zu meinem Mann aufzunehmen. Der galt als der zugänglichere in unserem nicht privaten Umfeld.
Natürlich fällt mir mein Mann nicht in den Rücken und hat das Gespräch an mich weitergeleitet. Daraufhin gab es eine Beschwerde beim Oberhaupt des besagten Amtes, der wiederum, diese Beschwerde an uns weitergeleitet hat.

Die Hilfestellerin meinte, wir wären nicht die einzigen Hilfesuchenden und wenn wir nicht die Unterlagen erbringen, die gebraucht werden und keine Mithilfe leisten, könne man für uns nicht tätig werden.
Wir reden hier über Menschen, die anderen helfen wollen/sollen und ich monatelang und das auf Verlangen immer sehr schnell, alles Notwendige erbracht habe.
Somit mussten wir tatsächlich vorstellig werden, was wiederrum bei allen Beteiligten nur Kopf schütteln verursacht hat. Man kenne uns und überhaupt kein Thema, wenn nicht uns dieser Ausweis zusteht, wem dann!? Es wurde nochmals bestätigt, dass man die Genehmigung nicht benötigt und das hier für uns zuständige Amt sehr wohl etwas selbständig entscheiden kann.
Einige Wochen später habe ich nochmals nachgefragt, bis wann ich mit dem Ausweis rechnen kann.
Nachdem unser Ansprechpartner zu dem Zeitpunkt im Urlaub war hat uns eine findige Beamtin in seiner Abwesenheit erneut eine Absage zugeschickt, mit der Begrünung wir müssten einen Verschlechterungsantrag für Lisa stellen.
So jetzt bricht wieder meine nicht so zugängliche Art aus.
Ich weiß gar nicht, wie ich diese Bürokratie manchmal ertrage. Mittlerweile haben wir herausgefunden, dass wir lediglich einen Behindertenausweis benötigen mit dem Merkzeichen aG (außergewöhnlich gehbehindert). Dieser wird uns aber abgelehnt, da ja Lisa hoffentlich irgendwann laufen kann und keinen künstlichen Darmausgang hat (!) und wir einen Rehabuggy nutzen und nicht einen Rollstuhl.
Ein kleiner Aufruf: Alle, die einen künstlichen Darmausgang haben (ich sage nicht, dass das nicht schlimm ist), der Behindertenparkausweis winkt.
Der Antrag läuft weiterhin, ich habe erneut abgelehnt und wie gesagt, wir wollen keine Hilfe, wir wollen Unterstützung für einen begrenzten Zeitraum, für max. zwei Jahre.

Ich sehe oft hier im Ort oder in München Menschen mit ihren viel zu teuren Autos, die auf Behindertenparkplätzen mit ihrem Behindertenparkausweisen parken. Ich hätte gute Lust diese Personen auf ihren künstlichen Darmausgang anzusprechen...

Das wiederum ist nicht das einzige Beispiel von unglaublicher Bürokratie.
Es ist wirklich ein Spiel, Ablehnung, Widerspruch, Ablehnung, Widerspruch, manchmal, wenn man Glück hat und einfach nicht aufgibt, kommt doch eine Zusage.
Aber der Weg dahin kann lang sein und es ist ja nicht so, dass wir hier um Millionen von Euro betteln, wir wollen einfach nur manchmal unseren Alltag etwas erleichtern.
Zum Einkaufen mit Lisa und 100 m vom Supermarkt wegparken, Gott sei Dank, gibt es mittlerweile Frauenparkplätze oder Familienparkplätze, das erleichtert tatsächlich unser Leben. Zum Arzt zu fahren oder in die Klinik, für die jährliche Nachuntersuchung, hingegen ein Kraftakt.
Wo am besten parken, wenn wir in ein großes Krankenhaus müssen, Treppen steigen, nein nicht überall ist es behindertengerecht. Aber das ist tatsächlich ein Teil des Lebens mit einem behinderten Kind. Momentan ruht das Thema Behindertenparkausweis, aus Zeitmangel. Es gibt Wichtigeres.
Aber ich werde es wieder aufgreifen. Hab erst kürzlich gesehen, es gibt gebrauchte Rollstühle für wenig Geld. Was nicht passt, wird eben passend gemacht.

Lisa hat im übrigen Pflegegrad 3. Wie es funktioniert, hab ich selbst in Erfahrung gebracht. Das Prozedere ist schon besonders. Die Menschen, die einem zur Seite gestellt werden, die den Pflegegrad in einem persönlichen Besuch feststellen sollen, füllen stoisch Formulare aus und nehmen den Menschen nicht wahr.
Ein umfassender Fragenkatalog wird abgefragt und abgearbeitet. Aber es funktioniert und man darf ja nicht zu glücklich sein an

dem Tag des Besuches, vermutlich wird man sofort zurückgestuft. Also ist man an dem Tag, die arme Familie, mit dem behinderten Kind. Gemäß dem Spiel: Good Guy-Bad Guy.

Unglaublich, als ich diese Stories gehört habe. Unsere Erfahrungen in diesem Bereich sind nicht ganz so „weitreichend“, aber teilweise nicht weniger absurd!

Bei uns im Dorf gibt es eine sog. Nachbarschaftshilfe. Das ist ein engagiertes Geschwader aus Pflegekräften und Haushaltshilfen, die täglich mit Ihren kleinen Pflegemobilen ausrücken, um die Huber Josefs und die Maier Annemaries´ (Namensgebung ist nur beispielhaft) solange in ihrem häuslichen Umfeld zu unterstützen, bis es nicht mehr geht. Auch im Bereich Haushaltshilfe wird unterstützt.
Als unsere Drillinge nicht mehr im Rythmus von 4 Stunden schliefen, aßen und tranken, sondern nur noch die Nacht zum schlafen nutzten, tagsüber 12 Stunden lang dann mit 6 Ärmchen nach allem griffen was irgendwie interessant erschien, vermeintlich in Schubladen verstaubte oder schwer zu erreichen war, überredete mich mein Mann meinen Stolz abzulegen und mir Hilfe zu suchen, bei der Erledigung des Haushaltes.
Ja, ich musste überredet werden. Ich bin da von der Alten Schule. Meine Mutter ein Vorbild absoluter Organisation und Perfektion hat trotz uns drei Geschwistern nebenbei den perfekten Haushalt geschafft:

Freitags einen Kuchen gebacken,
unsere Sachen genäht,
mit uns gebastelt und gespielt
die Hausaufgaben betreut
selbst Salzteig gemacht,
Teppiche geknüpft ...-
Ich staune bis heute, wie sie das gemacht hat.

Wie dem auch sei, ich habe nachgegeben und erstmal die Krankenkasse angerufen, wegen einem möglichen „Anspruch auf Häusliche Unterstützung“ durch dieselbe.
Damals war ich noch privat versichert und jeder war sich sicher: Mit Drillingen bekommst Du das auf jeden Fall.

Weder die Tatsache, dass ich Drillinge zu versorgen habe, wovon einer auch noch besonderen Aufmerksamkeit braucht, noch dass mein Mann beruflich unter der Woche nicht da ist und ich an einer Autoimmunkrankheit leide, hat uns dafür qualifiziert.
Ich hätte mehrere Wochen akut im Krankenhaus sein müssen, um diese Hilfe erstattet zu bekommen. „Haben Sie vielleicht Krebs?“ War die Frage. Gott sei Dank „Nein“ die Antwort. Aber egal denn auch wir haben passend gemacht, was nicht passend war und die Nachbarschaftshilfe angerufen, eine Hilfe bekommen und sie erstmal privat gezahlt. Gott sei Dank war uns diese Option finanziell möglich.

Das war auch der Zeitpunkt, an dem wir in die Pflegestufen-Thematik eingestiegen sind. Ein Thema, das ich immer mit älteren Menschen verbunden hatte.
Gabriel hat, wie man uns sagte, eventuell einen Anspruch auf einen Pflegegrad. Einen sehr hohen Pflegegrad 4, attestierte man dann bei ihm nach einer „Blinden Observation“. Ob das die gleiche Mitarbeiterin war wie bei Lisa?
Ja, die Mitarbeiterin hat beim Heimbesuch ganze 2 Stunden lang in Ihren Computer gestarrt und idiotische Fragen abgearbeitet, wie z.B. „Läuft er schon?“ (Gabriel krabbelte die gesamte Zeit an ihren Füssen herum).
Die immer noch erforderlichen Treppengitter und die Notwendigkeit einer stets verschlossenen Eingangstür, brachten uns letztendlich diesen hohen berechtigten Pflegegrad ein. Wir waren zufrieden, aber verwundert, wie man ein Kind einstufen kann, ohne es wirklich wahrgenommen zu haben.

Je nach Grad der Einstufung stehen dem Patienten Pflegegeld, Pflegeleistungen und Hilfsmittel zu. Eine Wissenschaft für sich, in die ich Gott sei Dank immer nur mit „Übersetzung“ durch die Nachbarschaftshilfe einsteigen durfte. Das heißt, dass „Buchbinder Wanniger Erlebnis“ von Ivonne und Lisa ist uns hier erspart geblieben!

Unsere Haushaltshilfe entpuppte sich in den folgenden Jahren als echter Lottogewinn.
Sie kommt jeden Dienstag und bringt nicht nur unser Haus zum Glänzen, sondern auch unsere Familie.
Gabriel freut sich besonders über den „Feign“. Na, was könnte das sein? Nein, keine Feige und auch kein Pfeil, es ist: der Staubsauger. Mit Engelsgeduld erträgt sie Gabriels Begeisterung für dieses Gerät, speziell für den Stecker! Auf eine Sekunde Saugen, folgt auch schon wieder eine Sekunde Pause.
So arbeitet sie sich bis heute, geduldig durch unser Haus. Gabriel kringelt sich vor Lachen, wenn er den Stecker zieht und der Staubsauger mit einem lauten pups-artigen Geräusch plötzlich verstummt.
Auch sportlich musste unsere Haushaltshilfe fit sein. 5 Treppengitter galt es viele Jahre mit Wasser-Eimer, Lappen, Wischer und „schwerem Gerät“ zu überklettern, um die einzelnen Stockwerke unseres Heimes zu erreichen. Geduldig wurde Gabriel dann auch noch drüber gehievt, als er ihr seine Ärmchen entgegenstreckte.
Gott sei Dank waren Savannah und Juan auch noch da und halfen tatkräftig beim „Scheibenputzen“ und „Lappen Verstecken“.
Aber dem nicht genug. Ihr Lebenslauf einhält auch folgende Qualifikation: Vogelfänger und Feuerwehrfrau. So rettete sie verirrte Vögel aus unserem Wintergarten, zog gefühlte 1000 Mal meinen Kochtopf vom Herd, vor dem Erreichen des „Kohlezustandes“, hat dafür gesorgt, dass unser geschundenes Mobiliar ab und an einen Polsterreiniger gesehen und genossen hat.
Mittlerweile feste Freundin und Teil der Familie spielt sie auch

noch heute gern mit den Kindern, lässt sie ab und zu in Echtzeit „verkaufen spielen“ in Ihrem Second-Hand Laden und ist Babysitter, wenn Not am Mann ist.
Seppi, unser Plüsch-Haus-Pony war schon diverse Male bei ihr in „Behandlung“ und Reissverschlüsse wurden repariert.

Auch für den unermüdlichen, aber hoffnungslosen Versuch, mich besser zu strukturieren und mir das Nähen näher zu bringen, bin ich sehr dankbar. Hätte sie mir nicht einmal meine Maschine eingerichtet und erklärt, was man damit machen kann, also Nähen - ich würde bis heute denken, das sei eine Küchenmaschine!

EIN BESONDERER ORT – DIE SCHULE UNSERER KINDER!

Lisa, wie auch Gabriel, sind Schüler in einer Schule für besondere Kinder. Für Gabriel sind es nur wenige Kilometer von seinem Zuhause entfernt, für uns vom Tegernsee, ca. 35 km einfach. Es war für uns – im Gegensatz zu den anderen Mitschülern, die alle im Landkreis wohnen, ein über einjähriger Kampf, bis uns genehmigt wurde, dass Lisa auf diese Schule gehen darf. Es ist und war, aber die einzige Schule, die auf Lisas Bedürfnisse passt. Auf jeder sonderpädagogischen Schule wäre Lisa untergegangen.

Zum `Luxus` eines behinderten Kindes gehört neben einer kostenlosen Schulbildung Dank niedrigem IQ, der Transport zur Schule und wieder nach Hause mit einem Fahr-Dienst.
Allerdings bei uns auch nicht so einfach. Wie gesagt, wir wohnen ca. 45 Minuten Fahrzeit von der Schule entfernt und so haben uns die Ämter zähneknirschend den Heimtransport genehmigt.
Rückwirkend absolut in Ordnung, da wir im Laufe der Zeit herausgefunden haben, dass zwar auch eine Hinfahrt möglich gewesen wäre, allerdings hätten wir da jeden Morgen um 5.30 Uhr aufstehen müssen ein echtes no go! Hätte einfach in unseren Tagesablauf nicht gepasst, wir haben nun mal nicht um 16 Uhr Feierabend, vor allem mein Mann nicht.
Und Lisa ist auch nicht unbedingt ein Frühaufsteher. So haben wir also in Abwechslung zwischen meinem Mann und mir die Chance, morgens bei der Autofahrt zur Schule wach zu werden. Um 7.20 Uhr ist Aufbruch in Tegernsee und pünktlich um 8.00 Uhr ist Lisa in der Schule. Und sie geht mit großer Freude hin. Mensch, mitt-

lerweile hat sie die zweite Klasse beendet und ist seit September 2018 in der dritten. Wir sind so stolz.

Der Punkt, zu dem ich kommen wollte, sind die ‚lieben' Fahrer. Größtenteils wirklich lieb und zuverlässig. Wir hatten allerdings anfangs Anlaufschwierigkeiten. Erstens, weil Fahr-Dienste meist mit geringfügig Beschäftigten zusammenarbeiten und die natürlich bei den Fahrten mit Tegernsee, recht schnell ihre Stunden vollbekommen und somit ständig wechselnde Fahrer Lisa transportiert haben.
Allein das ist uns schon negativ aufgestoßen, da Lisa im Endeffekt beigebracht wurde, bei jedem ins Auto zu steigen...Wir hatten zwischenzeitlich das Thema schon bei der Schulleitung auf dem Tisch liegen, da die Vereinbarung ursprünglich war, dass Lisa einen festen Fahrer hat. Was im ersten Vierteljahr auch funktioniert hat, nur ist der Fahrer dann schwer erkrankt und ausgefallen.
Das Fass kam aber zum Überlaufen, als wiedermal eine neue Fahrerin Lisa transportiert hat. Ein entzückendes Erscheinungsbild, tätowiert, rote Haare, Piercings, abgefeilte Zähne, wie ein Vampir. Aber, wer im Glashaus sitzt, sollte nicht mit Steinen werfen! Wir sind da wirklich vorbehaltlos und Hauptsache, Lisa mag die Person. Zum Glück mag Lisa ausgefallene Menschen, sie sucht sich gerne in einem Restaurant, den möglichst am außergewöhnlichsten aussehenden Menschen aus und dieser wird dann bewunken und mit Luftküssen verwöhnt.
Die neue Transport-Dame, wurde nach zwei Wochen bereits wieder ausgetauscht, verabschiedete sich von mir mit den Worten, ach Mensch, ich werde die Kleine vermissen, hat mir so viel beigebracht.
Auf meine verdutzte Frage, was ihr Lisa denn beigebracht hätte, wusste sie allerdings keine Antwort.
Aber sie hatte noch eine wichtige Frage: Ob es denn stimmen würde, dass Lisa Menschen beißt, bespuckt und deshalb eine Einzelfahrt hat!?

Lisa ist ein zierliches Mädchen, mit blonden, kurzen Haaren und einem Puppengesicht!?
Selbst, wenn sie sowas versuchen würde, kann man sich wehren, aber eigentlich sollte sowas generell keine Diskussion sein. Auf meine Frage hin, wer das sagt, kam deren verzweifelte Antwort: Bei der Einführung des Fahrpersonals hätte man sie entsprechend darüber informiert. Ich soll es bitte niemanden sagen, weil sie sonst Ärger bekommt.
Ich meinte nur: „Entschuldigen Sie, das ist mein Kind. Selbstverständlich werde ich dieser Sache nachgehen, gar keine Frage, ich muß das melden. Denn wenn über meine Tochter solche Sachen erzählt werden, was erzählt man über andere Kinder?"
Ich mag mir nicht vorstellen, was manche Menschen für Dinge erzählen, wenn sie mit etwas konfrontiert werden, was fremd ist! Das Missverständnis mit dem Fahr-Dienst wurde aufgeklärt und alles läuft nun gut, seit April 2017 hat Lisa einen festen Fahrer! Kein Herzensbrecher, aber korrekt, immer pünktlich, stets freundlich. Lisa mag ihn mittlerweile und wir haben einen festen Ansprechpartner, der sofort eine SMS schickt, falls es später wird oder es sonstige Dinge gibt, wie mal Urlaub oder Krankheit. Das beruht auf Gegenseitigkeit, wir respektieren uns, haben ein gutes Verhältnis.

Und dass es Einrichtungen gibt, wie unsere Schule, und die wunderbaren Menschen, die dort arbeiten. Ein wirklicher Segen! Jeder kennt jeden beim Namen! Morgens, wenn ich Lisa bringe, sehe ich in lachende Gesichter. Man wird stets freundlich begrüßt, die Kinder laufen alle strahlend ins Klassenzimmer, umarmen sich zur Begrüßung! Es ist ein unbändiges Fest, dabei zuzuschauen, wie kleine Persönlichkeiten groß und so toll unterstützt werden. Danke an dieser Stelle für deren, hingebungsvollen und kompetenten Einsatz!

Gabriel geht jetzt das 3. Jahr zur Schule und das ist nicht selbstverständlich für ihn.

Ein großer Schritt nach all seinen gesundheitlichen Rückschlägen und erstmal eine unsichere Reise. Die anfänglich prognostizierte Verpflanzung seines Shunts „Einmal für das ganze Leben“ hatte sich bei Gabriel gewandelt in: „Jedes Jahr ein neuer Shunt“.
Als ob sein Körper das Implantat abstoßen wollte, vielen der Reihe nach mechanische Teil aus, Ventile ließen sich nicht verstellen, Schläuche verstopften und rutschten aus der Hirnkammer. 6 Operationen am Gehirn und offenen Schädel in 5 Jahren!
Zu diesem Zeitpunkt litt er zudem noch unter starken Wutanfällen sowie an heftigen Krampfanfällen. Flippte bei Neuem schnell aus und zog sich zurück in vertraute Rituale, wie: „Türschlagen“ und „Wegrennen“ Auch Schläge an seine Mitschüler waren zu erwarten!
Trotzdem war es für uns wichtig, ihn gleichzeitig mit seinen Geschwistern einzuschulen.
Leider behielt er diese Verhaltensweisen tatsächlich erst bei, mit der Folge eines gebrochenen Fingers und einer abgeschlagenen Fingerkuppe durch Türschlagen bei zwei Mitschülern!
Offensichtlich unter Schock, in Anbetracht der Verletzungen, erreichte uns ein Anruf der Schule mit der Bitte unseren Gabriel sofort abzuholen und erstmal zu Hause zu lassen!
Das war schlimm, sehr schlimm für uns.
Die Folge waren Gespräche, aber auch sehr großartige Gesten, wie Entschuldigungen der Schulleitung für eine mögliche Überreaktion, gefolgt von konstruktiven Verbesserungsvorschlägen zur optimierten Türsicherung in der Schule!
Das Schönste, Gabriel durfte wiederkommen!
Gott sei Dank, ist das heute nichtmehr so. Aber dazu später.

Auch für Savannah und Juan stand die Einschulung/Schulreifeprüfung an.
Mit 6 Jahren ist offiziell Schulreife bei Kleinkindern erreicht. Ein schlichtes Geburtsdatum und Stichtag entscheiden über „ja“ oder „nein“. Falls aber doch ein Kind ein „ja“ wäre, aber tatsächlich ein

„nein“ ist- schwierig. Das bedeutet außerordentlicher Rückstufungsantrag.
Bei uns war Rückstufung ein Thema. Noch ein wenig Zeit zu geben, Dinge noch besser zu verstehen, bevor sie ins harte bayerische Schulleben abtauchen für die nächsten X-Jahre.
Wir mobilisierten unsere Kontakte und bereiteten das Anliegen akribisch vor. Unsere Ärztin des Vertrauens, erstellte ein entsprechendes Empfehlungsschreiben an die hiesige Schule. Diese wiederum hatte eine Fraktion Pädagoginnen in den Kindergarten unserer Kinder geschickt, um diese unabhängig davon auf Schulreife zu observieren. Ergebnis: Schulreif. So gehen Savannah und Juan heute auf die hiesige Grundschule in die zweite Klasse.
Übrigens, in getrennte Klassen, weil wir das so wollten. Die nächste Herausforderung, an einer Schule in die Mehrlinge zeitlebens in ein und dies selbe Klasse gehen.

Dann hörten wir von dem Versuch einen Gastantrag stellen zu können, um die Kinder im Nachbarort 2 km entfernt in derselben Gemeinde in einer anderen Grundschule einschulen zu dürfen. Diese war bekannt durch ihren innovativen Lehransatz und die Möglichkeit in einer Flexiklasse die erste Klasse in 1, 2 oder 3 Jahren zu machen. Das wäre eine echte Alternative zur abgelehnten Rückstufung gewesen.
Problem: Zwei Schulen in derselben Gemeinde. Jede muss schauen, dass die Schülerzahlen stimmen. Das ist durchaus nachvollziehbar, aber für uns damals kein Argument. Der Gastantrag wurde abgelehnt bzw. zurückgezogen, aber die Kinder durften in getrennte Klassen.
Ein Teilerfolg - hatte mir aber den Einstieg ins Schulleben weniger bürokratisch vorgestellt. Als wir dann endlich mit Schultüte und strahlenden Kindern den ersten Schultag bestritten, fühlten wir uns wie nach einem Marathon!
Stellenweise hatten wir in diesem Prozess das Gefühl, wir müssten unsere Kinder vor diesem allgemeinen System der staatlichen

Schule, dem Leistungsdruck und den überzogenen Anforderungen befreien, indem wir sie alle auf eine Privatschule geben. Gefallen hätten uns entsprechend Schulformen, bei denen das Kind und seine individuelle Entwicklung im Mittelpunkt stehen, weniger Druck, mehr Kreativität bzw. Förderung der Eigeninitiative. Aber kostenpflichtig und für drei Kinder nicht zu finanzieren!

In solchen Phasen größerer Entscheidungsfindung in unserem Leben, holt mein Mann immer wieder seine wunderbare Erdungstechnik aus dem Ärmel, indem er uns erzählt, wie seine Kindheit war.
Er stammt aus Pakistan, genau gesagt aus Karachi einer 25 Mio. Metropole im Süden Pakistans, und hat als kleiner Kerl, auf dem Boden sitzend, mit einer Kreidetafel ohne Hefte, Schreibtisch oder gar eigenem Zimmer oder Schulranzen eine Grundschule besucht. Er durfte das, da seine Eltern das Geld für die Schule irgendwie aufbringen konnten. Heute hat er zwei Deutsche Universitätsabschlüsse in Technischer Keramik und Wirtschaftsingenieurwesen und bereist die Welt in einer wichtigen Mission! Die Luft sauber zu bekommen. Er ist im Katalysatoren Sektor tätig und vertreibt Katalysatoren-Technologie an diverse Wirtschaftszweige. Sein Traum im Leben etwas Sinnvolles zu bewegen. Er hat ihn erreicht mit vielen, vielen Vor- und Rückschritten, aber er hat es erreicht, trotz einfachster Startbedingungen.

Also warum so kompliziert denken? Unsere Schulen kosten kein Geld, bieten aber höchstes Bildungsniveau. Die Kinder laufen zu Fuß 10 Minuten auf sicheren Wegen dorthin, haben Ihre Freunde dort, können alle Angebote wahrnehmen wie Sport und Musik, Vorleseclub, English und Chor. Sie bekommen dort alle Materialien, Förderung und werden auf das Leben vorbereitet.
Irgendwie hatten wir plötzlich das Gefühl, nicht mehr diskutieren zu müssen.
So, wie wir uns selbst gefangen haben, in zum Teil krampfhaften

Überlegungen was „das Beste“ ist, einem Trend der Neuzeit, haben wir übersehen, dass Alles was vor unseren Augen liegt, bereits mehr als das Beste ist. Und dafür sind wir jeden Tag dankbar. Nun sind Savannah und Juan das dritte Jahr in der hiesigen staatlichen Grundschule. Es läuft soweit ganz gut, auch wenn man bisweilen die Augen zumachen muss und den Lehrplan besser nicht in Frage stellt. Der Druck ist enorm und bisweilen nur mit Kreativität und Eigeneinsatz zu bewältigen.
Ich habe in meinem Leben noch nie so viel versucht zu verstehen, wie etwas gewünscht wird, wie in den letzten zwei Jahren. Ich wusste auch nicht, dass es wichtiger ist auf 20 verschiedene Arten zum Ergebnis zu kommen. Ich dachte immer es wäre wichtig, dass man zum richtigen Ergebnis kommt. Hier sei mir ein wenig Sarkasmus erlaubt.
Auch war mir nicht klar, dass man ohne alle Buchstaben gelernt zu haben, schon alle schreiben können muss. Aber, Pädagogen haben das erforscht und das sei der neue Ansatz, sagte man uns beim Elternabend. Auch die Uhr ist zum Beispiel überbewertet. Man lehrt sie heute nicht mehr.

Zurück zu Gabriel, wie bereits erwähnt, wählten wir für ihn erstmal den heilpädagogischen Weg und entschieden uns gegen eine herkömmliche Schule mit Integration. Für uns war auch hier wichtig zu sehen, was ihn glücklich macht und das war sicher keine erzwungene Gleichstellung mit einer entsprechenden offensichtlichen Überforderung!
Wir wollten ihm das Gefühl geben, er darf auch in die Schule, aber in einem Umfeld, das ihm den Raum gibt seine Entwicklung ohne Druck aufzuholen. Er sollte in eine Schule, in der er schnelle Erfolge spüren und motiviert sein kann. Die Wahl war goldrichtig! Jeden Morgen wartet er auf den Bus und steigt selber ein, fährt in die Schule und kommt am Nachmittag happy zurück.
Er ist sehr selbständig geworden und gewachsen an den Aufgaben die ihm in der Schule gegeben werden. Im ersten Jahr stellte

dann zwar die Schulleitung fest, dass er noch nicht schulreif war. Statt behördlich zu kämpfen, wurde hier aber eine Lösung gefunden, mit einer Schulbegleitung und der Möglichkeit im angegliederten Kindergarten mal spielen zu gehen, sowie nachmittags früher nach Hause zu dürfen.

In seinem zweiten Schuljahr ist er einfach nochmal in die erste Klasse gegangen. Wir sind ganz stolz auf unseren kleinen Kämpfer. Inhaltlich stehen das Tempo und der Lehrplan nicht im Vordergrund. Vielmehr geht es darum, das Gelehrte mit allen Sinnen begreifen und ergreifen zu können und es somit fest zu Verankern. Alle Buchstaben werden über das verstehen der Grundformen „Kreis“, „Gerade“ und „Krumme“ vermittelt. Die Formen werden ertanzt, gemalt, gebastelt, ersungen und erfühlt. Es macht großen Spaß zu sehen, wie das bei unseren Kindern ankommt. Da auf dieser Schule nur Kinder mit unterschiedlichen Beeinträchtigungen sind, wird versucht jedes Kind individuell mitzunehmen und zu fördern.
Die Klasse ist dementsprechend klein und überschaubar. So toll, zu sehen wie Kinder, die nicht sprechen können oder schlecht hören, Kinder die kognitiv eingeschränkt sind, in diesem Umfeld wachsen und lernen.
Gleichzeitig lernen sie den Alltag zu bewältigen. Alles zielt darauf ab und die Ergebnisse sind wunderschön zu sehen. Dinge die man nicht erwarten würde, sind möglich.
Im ersten Jahr hat Gabriel noch eine Windel angehabt. Genau wie 5 weitere Kinder in der Klasse. Eine Betreuerin, ein weiterer Engel auf unserer Liste, hat sich vorgenommen, das zu ändern und Gabriel alle 15 Minuten auf´s „Bub-Klo“, wie er sagt, gesetzt. Ich hätte nie geglaubt, dass er das schon kann, aber ein halbes Jahr später, war er trocken. Und er macht es toll. Dank unermüdlichem Einsatz ein großer Schritt in seine persönliche Unabhängigkeit.

Ich muss mich dem anschließen, diese Schule ist ein Segen, ein so schöner Ort für besondere Kinder. Mit einer herkömmlichen Schule nicht vergleichbar. Manchmal kurios, mit Pädagogen, die u.a. wissen wollen wie der Kefir es in unser westliches Land geschafft hat, mit vielen alternativen brotselbstbackenden Menschen, aber die genau den richtigen Umgang mit unseren Kindern wissen. Und hey, natürlich die „Gedichte-Damen“ für die wir natürlich auch offen sind. Auch wir lernen dazu.

Wie von Severine erwähnt, muss aber immer wieder bewiesen werden, dass unsere Kinder auch diese Schule besuchen dürfen. Das ist tatsächlich ein Privileg!
So wurden wir vor den letzten großen Ferien, zum bereits erwähnten Intelligenztest eingeladen. Der IQ darf nicht die magische Marke von 70 übersteigen.
So mussten wir also bei einer Psychologin vorstellig werden. Nun ja, ist ja schon mit einem ‚normalen‘ damals achtjährigem Kind schwierig, geschweige denn, mit einem behinderten.
Lisa ist erstmal mit der Wahrnehmung der Umgebung beschäftigt. So wird der ganze Raum voller Aufregung untersucht. Was steht rum? Mit was kann man spielen? Wie sieht der Mensch aus, mit dem ich es zu tun habe? Gibt es Glitzer, wo zum Teufel ist der Glitzer?
Die Psychologin, die für uns zuständig war, hatte selbst eine körperliche Behinderung. Und nirgendwo Glitzer.
Stattdessen diese eine, verkrüppelte Hand. Das war natürlich sehr interessant für Lisa. Ohne Scheu, und voller Neugierde wollte sie ständig diese Hand begutachten, was für die Dame etwas unangenehm war. Das war das erste Kennenlernen, noch ohne Test.
Bei dem zweiten Termin kam der besagte Test. Dieser besteht normalerweise aus ca. 15 Fragen, u.a. Bildererkennung, zusammenfügen von Reihenfolgen etc. Wir konnten von den 15 Fragen ganze 4 bearbeiten, die hat Lisa sehr wohl verstanden.
Allerdings hat sie immer nur den ersten Teil davon beantwortet

bzw. gedeutet – Lisa spricht ja nicht - (Bilder erkennen...), und dann abgewunken; nach dem Motto: Ich kann es ja, was wollt ihr von mir!?
Einmal Vogel zeigen, was willst Du noch von mir und dann war die Sache für sie erledigt, sie wollte da weg, nicht ohne Belohnung. Interessanter war, wo sind die Süßigkeiten, die ich nach der Aufgabe bekomme. Das hat sie sich nämlich schon mal vom ersten Besuch gemerkt. So dauerte der IQ Test ganze 5 Minuten.

Gabriel sollte alleine diesen Test ablegen - wohlgemerkt auch nach einem ersten Gespräch, indem ich klar gesagt hatte, dass er nicht alleine gelassen werden kann, weil er gerne alle Türen aufmacht, wegläuft, nicht gerne in einem geschlossenen Raum sitzt und schon gar nicht gewöhnt ist mit fremden Menschen zu sein. Trotzdem „Ich solle ein wenig bummeln gehen, sie würden mich wieder anrufen, wenn sie fertig wären." Ich bin nicht mal zur Tür gekommen... Gabriel sollte dann Tiere erkennen - nein keine normalen Tiere - zu einfach für ein behindertes Kind. Mischtiere, also einen vermeintlichen „Fischelefantenotter" oder eine „Schneckenkakalake", oder gar ein „Giraffenkrokodil". Alles vom Aussterben bedrohten Spezies. Genau wie die Psychologen-Praxis, die ich danach auf meine persönliche Liste bedrohter Tiere gesetzt habe.

Im Endeffekt, eins der vielen Dinge in Deutschland, die man unter unnötiger Bürokratie ablegen sollte.
Der Besuch kostet ca. 200 Euro, die Krankenversicherung übernimmt dies und alle Betroffenen haben eine berufliche Daseinsberechtigung.
Natürlich ist der IQ Test positiv für Lisa ausgefallen, heißt IQ unter 70 und somit ist die heilpädagogische Maßnahme bis 31.12.2018 genehmigt. Vermutlich muss danach wieder ein Test gemacht werden.
Behinderung bedeutet, keinesfalls Dummheit. Sie müssen einfach nur 110% Kraft aufbringen, um das zu schaffen, was ein gesunder

Mensch schaffen kann. Und sie schaffen es jeden Tag diese 110% zu bringen, sogar noch mit einem Lachen im Gesicht.
Gabriel und Lisa sind durchaus intelligent und überraschen uns jeden Tag aufs Neue. Sie sind sehr kreativ, äußerst gefühlvoll und sensibel.
Sie lieben die Schule und es dort zu sein und wir wissen, sie sind gut aufgehoben.

Das erste Jahreszeugnis war 4 DINA4 Seiten lang, in Worten sehr genau beschrieben, wie unsere Kinder sind.
Und das wird für jedes Kind so gemacht. Ist das nicht fabelhaft? Zudem gab es für jedes Kind einen Zeugnisspruch. Lisa´s Spruch war: „Viele Blumen auf der Wiese, aber keine ist wie diese, die so zart und himmelblau und am Morgen voller Tau. In den Tröpfchen – oh wie schön – kann die liebe Sonn ich sehn (J. Mancke)“ Und dieser Spruch passt auf unsere Lisa wie Faust aufs Auge.

DAS LEBEN FLIESST
UND IST VOLLER WUNDER

In dieser Phase geschah dann auch das große Wunder und auch ein Lottogewinn für Gabriel! Es begann mit einem Rippenbruch beim Duschen. Wochenlange Schmerzen begleiteten Gabriel, ließen nicht nach. Immer wieder zeigte er auf den Bauch, wir dachten Rippen aber er sagte „Bauch weh“! Schlug seinen Kopf vor Schmerzen gegen alles! Eines Tages krümmte er sich nur noch in einer Ecke zusammen.
Der Notarzt kam und ab ins Krankenhaus. Eine Woche lang, fischten die Ärzte im Dunkeln. Er hatte hohes Fieber und niemanden an seinen Bauch rangelassen. Näherte man sich seinem Bauch, schrie er laut vor Panik. Weder der erfahrene Professor noch eine Schwester, schafften es, ihn auch nur irgendwie zu untersuchen, geschweigen denn Linderung zu verschaffen.
Klar war nur: er hat unglaubliche Schmerzen, die vermutlich nicht mehr von der Rippe kommen konnten.
Die Entzündungsparameter waren hoch, also eine Infektion vorhanden.
Welche, zeigte das Blutbild allerdings nicht. Gabriels Lieblings-Therapeutin der Osteopathie, kam ins Krankenhaus geeilt und durfte, als Einzige ihre heilenden Hände auf seinen Bauch legen.
Sie stellte fest: „Das ist kein Organproblem, sondern irgendetwas Anderes.“ Das Unglaubliche passiert: Ein Professor der Neurologie fragt eine Therapeutin der Osteopathie nach einer Allgemeinmedizinischen Diagnose! Das war echt einzigartig und schön zu beobachten.
Schließlich war sie ja die Einzige, die ihn anfassen durfte. Also sei-

ne einzige verlässliche Quelle. Trotzdem große Ratlosigkeit!
Das Fieber ließ sich nicht senken und es ging ihm immer schlechter. Die Angst wuchs nun auch bei uns. Ein junger Arzt hatte die Idee, die Kinderchirurgen hinzuzuholen und um Rat zu fragen.
Sie waren ja die Experten für das SHUNT Implantat in Gabriels Gehirn, das sie erst vor 6 Wochen zum x-ten Mal in seinem kurzen Leben aufwendig, neu verpflanzt hatten, weil das alte defekt gewesen war.

Das war der Durchbruch. Wir wurden sofort per Krankentransport in das Klinikum der Kinderchirurgen, 60 Kilometer entfernt, gebracht und auf die Intensivstation verlegt. Die Kinderchirurgen überbrachten uns dort die Schockvermutung:
„Vermutlich seien bei der letzten Transplantation des Shunts Krankenhauskeime in Gabriels Körper gelangt." Am vermeintlich sterilen Schlauch des Implantates müssen diese gewesen sein. Sie hatten seitdem Gabriels ganzen Körper infiziert vom kleinen Zeh bis zum Hirnwasser. Die Bauchschmerzen kämen dementsprechend von einer fortgeschrittenen Bauchfellentzündung!
Über die offene Art des ärztlichen Geständnisses und die volle Übernahme der Verantwortung, war ich so sprachlos, wie über die Tatsache, dass unser Sohn mit Krankenhauskeimen befallen sein sollte.
Oft in den Medien gehört, hätte ich niemals vermutet, dass sowas wirklich passiert, ein echter Schock!
Die Kinderchirurgen fackelten nicht lange. Noch am selben Tag folgte eine Bauch-OP um den unglaublichen Verdacht zu untermauern.
Diesmal saß ich zusammengekrümmt in einer Ecke und hoffte, auf was, wusste ich nicht. Eine Bestätigung des Verdachtes? Nein, eigentlich nicht! Ich starb tausend Tode und das Warten wurde unerträglich.
Als der smarte Kinderchirurg dann erschien und mich einfach wortlos in die Arme nahm, wusste ich, es war tatsächlich wahr.

Er nickte nur.
Der ganze kleine Körper voller Bakterien. Unglaublich, traurig und niederschmetternd.
Ein schon eh so geschundener Körper, innen total kaputt. Ich musste jetzt wieder stark sein, weil ich Gabriel nicht sehen durfte.
Sie legten ihn sofort wieder in Vollnarkose und der infizierte Shunt kam raus!
Wieder alle Haare weg und Schädel geöffnet! Ein permanenter Zugang am Hals zur Blutabnahme wurde eingebaut und ein externer Schlauch zum Ablauf des Hirnwassers in ein Gefäß für die Dauer der Infektionsausheilung verlegt!
Das bedeutete 4 Wochen Intensivstation mit einer Bewegungsfreiheit gleich Null! Der Schlauch war nur 1 Meter lang und mit einem Auffanggefäß verbunden. Die ganze Klaviatur der Antibiotika wurde aufgefahren, aber lange griff keines.
Das Fieber war nicht runterzubekommen. Wieder einmal ergriff mich dieser würgende Angstgriff! Stündliche Telefonate mit meinem Mann mit Updates und Hoffnungsbekundungen folgten und unendliche Tage des Hoffens und der Rückschläge.
Ich hatte auch schon einmal in der Zeitung gelesen, dass wenn Antibiotika nicht mehr greifen, die Keime zum Tod führen können. Ein Horror!
Schließlich kam auch noch ein todgeweihtes Kind in unser Zimmer, dessen Lebenskurve jederzeit auf Null gehen konnte und dann nicht mehr zu retten gewesen wäre.

Da brach ich das erste Mal in den vielen Jahren zusammen, rief meinen Mann an und bat, um sofortige Ablösung im Krankenhaus. Ich musste raus!
Ich habe immer den Dienst im Krankenhaus gemacht, mein Mann zu Hause, weil ich der optimistischere Typ bin. Mein Mann hat so eine emotionale Tiefe, dass er fast die Schmerzen der Kinder selber spürt.
Daher war es immer besser, wenn ich ging.

Bis zu diesem Augenblick! Ich fuhr nach Hause und weinte die gesamte Heimfahrt! Ich schrie und weinte meinen ganzen Schmerz in die Welt hinaus, in der Hoffnung erhört zu werden!
In meinem ganzen Leben, hatte ich noch nie so geweint. Danach war ich leer, aber musste für meine anderen zwei kleinen Engel stark sein. Sie sollten nichts von der Panik mitbekommen, die mich erfasst hatte.

So gingen die Wochen dahin und ich löste meinen Mann einmal wieder ab. Gabriel war unglaublich tapfer und hielt diese Ruhestellung überraschend gut durch.
Eines Tages fiel einem Pfleger auf, dass im Ablauf-Gefäß relativ wenig Hirnwasser war. Es begannen erneut Messungen und die Kinderchirurgen hegten einen unglaublichen Verdacht!
Es gab eigentlich nur eine Möglichkeit: Das Hirnwasser musste woanders hinfließen! Vielleicht wieder den natürlichen Weg hinunter entlang der Wirbelsäule? Schier unmöglich, da eine Chance von 1:1 Mio. besteht, dass die Verstopfung dort jemals wieder aufgeht.

Wir verließen die Klink ohne Shunt. Gabriel war der Eine aus einer Million! Die Kinderchirurgen hatten die unglaublich mutige Entscheidung getroffen, es ohne SHUNT zu versuchen, weil sie sich sicher waren, er schafft das ohne! Und er hat es geschafft. Der Shunt ist weg und sein Leben ging schlagartig bergauf. Überflüssig zu sagen, dass auch das Fieber letztendlich besiegt wurde.

Ein Mensch hat nie daran gezweifelt, dass die Verstopfung zu lösen sei. Sie hat kontinuierlich, entgegen aller Konventionen, daran gearbeitet und ihr Ziel verfolgt. Ihr ist dieses Kapitel gewidmet und unsere lebenslange Dankbarkeit sicher!

Vor einiger Zeit hatte ich einen Termin mit Lisas Logopädin, eine sehr nette Frau! Sie hat mich mit Komplimenten überhäuft. Wie

toll wir mit Lisa umgehen würden, und dass das nicht selbstverständlich ist.
Ich wundere mich immer darüber, wie Menschen auf uns reagieren. Wir lieben unser Kind, wir dürfen unser Leben mit ihr teilen und sie ihres mit uns. Unser Leben ist nichts Außergewöhnliches, lediglich unser Kind ist besonders. Ich weiß nicht, was manche von uns erwarten.
Auch in unserem Umfeld hörten wir von Eltern, die ihr Kind, das das Downsyndrom hat, so überfordert waren, dass sie zwei Jahre lang das Haus praktisch nicht verließen. Das Kind nicht in den Kindergarten gegeben haben, weil sie ihrem Kind nichts zutrauten. Eltern, die ihre Kinder in den Ferien in Kurzzeitpflege abschieben. Verstehen wir uns nicht falsch, es gibt durchaus Behinderungen, die in der Pflege zuhause so aufwendig sind, dass die Eltern bzw. der Rest der Familie mal durchatmen muss. Dafür haben natürlich solche Betreuungsalternativen eine Berechtigung. Aber ein Downsyndrom zählt sicher nicht dazu.
Erst kürzlich sah ich eine Gruppe behinderter Jugendlicher, die an unserer Eisdiele, vorbeigingen. Sie blieben vor dem großen Fernseher stehen, da gerade ein Fußballspiel übertragen wurde.
Sie gestikulierten wild, einer schrie und wirklich alle Menschen um mich rum, schauten beschämt zu Boden. Außer Lisa und ich und Lisa deutete auf die Gruppe und rief ein fröhliches: Hey! Alle winkten uns zu, wir zurück, Lisa noch ein paar Handküsschen hinterher. Ich spürte die Blicke der anderen. Wie kann man aber auch nur...

Vermutlich ist das aber auch alles eine Frage der eigenen Wahrnehmung. Was ist positiv und was ist negativ?
Freunde meines Mannes sagten mal zu uns, das Schicksal wollte es, dass ihr eine besondere Aufgabe bekommt.
Und jeder Schicksalsschlag ist eine Chance, Dinge besser zu machen, anders zu machen. Es ist sicher keine Bremse im Leben. Wie langweilig wäre unser Leben, wenn es eine Autobahn wäre,

immer nur geradeaus.
Nein, ich will über Täler fahren, Serpentinen, auch wenn sie manchmal schwierig sind. Ein erfülltes Leben ist wichtiger, mit allen Auf und Abs.
Wir haben das Glück, dass Lisa gesundheitlich fit ist. Dürfen hier natürlich auch von Glück reden – nicht soviele Krankenhausgeschichten zu erzählen.
Lisa kann durch ihren besseren gesundheitlichen Zustand, der keine epileptischen Anfälle o.ä. beinhaltet, unserer großen Reiselust frönen.
Aber vermutlich würden wir alles möglich machen, dass dies auch unter anderen Lebensumständen möglich wäre. Natürlich gibt es hier auch Ausnahmen, da sind wir sehr dankbar, dass wir so unbeschwert mit Lisa sein dürfen.
Sie wird – ähnlich wie Gabriel – überall mit hingenommen, ob in schöne Restaurants, zum Berggehen, zum Skifahren, Städte-Kurztrips, Fernreisen, Besuche bei wem auch immer und Lisa ist manchmal – das ist tagesabhängig – anfangs sehr aufgeregt.
Wenn sie an einem fremden Ort ankommt, ist erstmal 15 bis 30 Minuten rumhüpfen angesagt. So zeigt sie, dass sie glücklich ist und sich freut, aber erstmal mit dem vielen Glück etwas überfordert. Mittlerweile haben wir gelernt, mit ihr sofort aufs Zimmer einzuchecken, da darf Lisa dann erstmal ungebremst 15 Minuten am Bett rumhüpfen.
Letztes Jahr waren wir – ganz klassisch, – mit lieben Freunden an der Adriaküste. Die Beiden, hatten ihre Kinder dabei, 8 und 5 Jahre alt. Die Tochter kam als Baby mit zwei Daumen an einer Hand zur Welt. Diese kleine Anomalie wurde vor einigen Jahren amputiert, man sieht praktisch nichts mehr.
Lisa ist, wie soll es auch anders sein, ein verwöhntes Mädchen, aber im positiven Sinne, wir versuchen sie einfach glücklich zu machen.
Lisa, Lisa, immer Lisa. Die Tochter unserer Freunde war eifersüchtig, wenn für Lisa manchmal mehr Verständnis da war oder sie

auf Lisa Rücksicht nehmen musste. Das fand sie nicht gut. Trotzdem hat es ihr keine Ruhe gelassen, was mit Lisa denn ist. Eines Abends, fragte sie ihre Mutter, was hat denn die Lisa eigentlich? Ihre Mama erklärte ihr: „Weißt Du, manchmal bringt der liebe Gott etwas durcheinander, bei Dir z.B. den einen Daumen zu viel und bei Lisa hat er einfach etwas mehr durcheinander gebracht".
Am nächsten Morgen begrüßte sie Lisa mit den Worten „Hallo Lisa, ich bin schon froh, dass ich nicht so krank bin wie Du".

Kinder...irgendwie süß; andererseits frag ich mich schon manchmal, wie andere Lisa sehen. Wir sind in diese Rolle reingewachsen, für uns ist alles Normalität. Wenn ich darüber nachdenke, ist es mir aber egal, solange Lisa dabei nicht wehgetan wird, egal ob physisch oder psychisch.
Auch wir haben wie Severine, negative Erlebnisse bzw. Reaktionen auf Lisa erlebt. Einmal waren wir bei Bekannten eingeladen und die Kinder dort, waren auf den ersten Blick sehr rücksichtsvoll und lieb mit Lisa. Zumindest solange Erwachsene dabei waren. Als die Kinder dann unbeaufsichtigt miteinander spielten und Lisa auch mitmachen wollte, krabbelte sie selbständig ins Spielzimmer der Kinder. Ich ging ein paar Schritte hinter ihr weil ich aufpassen wollte, dass sie die Treppen nicht runterfällt, sie öffnete neugierig die Tür und ich hörte ihr freundliches „hey".
Als ich kurz vor dem Zimmer stand, hörte ich: „hau ab, wir wollen dich nicht, du störst". Ein Stich fuhr in mein Herz. Wie böse! Wären es Erwachsene gewesen, hätte ich anders reagiert.
Ich ging nur ins Zimmer, die Kinder wurden sofort feuerrot. Ich sagte nur – Lisa komm, wir gehen – darauf ein bedauerndes, ach Lisa, schade, daß du schon gehen mußt.
Ich weiß es sind Kinder, aber ich konnte es mir nicht verkneifen, weil Lisa einfach nur traurig war, dass sie nicht mitspielend durfte und auch ich verletzt war. Und so sagte ich: "bitte, tut nicht so, ich hab Euch gehört!", bin dann wortlos mit Lisa aus dem Zimmer. Ich hatte damit gerechnet, daß die Kinder vor lauter schlechtem Ge-

wissen, ihren Eltern was erzählen, die sicher etwas zu uns sagen würden. Aber nein, sie haben nichts erzählt.
Ich denke, ich hätte in gleicher Situation als Kind nicht mehr schlafen können, und das zumindest meiner Mutter gebeichtet. Aber es kam nichts. Wir mußten das mit uns ausmachen. Ich habe es lediglich meinem Mann erzählt. Seitdem habe ich ein Problem, diese Kinder zu treffen, vor allem den Ältesten unter ihnen, denn der wusste genau, was er sagte. Wie traurig.

Ja ich kenne das nur zu gut! Keine Mutter will, dass das eigene Kind verletzt wird. Das gilt auch für Kinder ohne Beeinträchtigung. Es passiert aber und wenn es passiert, tut es richtig weh. Als ob man selbst verletzt worden wäre. Meine Tochter z.B. wurde zu Beginn im Kindergarten von einer Gruppe Mädchen systematisch ausgeschlossen.
Sie durfte einfach nie mitspielen, ohne ersichtlichen Grund. Sie kam jeden Tag mit Tränen nach Hause und litt aktiv unter der Situation. Sie erlebte das zum ersten Mal und musste, genau wie ich, lernen damit umzugehen. Wir redeten und ich motivierte sie zum Durchhalten (obwohl ich mir am liebsten selber den kleinen Teufelsbraten vorgenommen hätte.)
Die Kindergartenleitung wurde eingebunden und zusammen daran gearbeitet, den Konflikt zu lösen. Heute ist Savannah beste Freundin mit zwei dieser Mädels und hat gelernt, mit so einer Situation umzugehen. Man kann das abhaken, als erste Lebenserfahrung und Lernkurve.
Der Gipfel des Schmerzes ist es aber, wenn man Verletzungen erfährt, gegen einen Menschen, nur weil er anders ist, als die Anderen. Noch dazu, wenn der Mensch kognitiv oder körperlich sichtbar nicht in der Lage ist, sich adäquat zu wehren.
Wenn dieser Mensch nur deshalb als Mensch Zweiter Klasse behandelt wird, weil er anders ist. Ich erinnere mich an eine Situation im Kindergarten. Erster Elternabend. Auf der Agenda stand natürlich auch das Thema „Integration“ und das Konzept dahinter.

Gabriel war das einzige Integrationskind! Er bekam auch in dieser Zeit therapeutische Unterstützung. Diese sollte allerdings, im Sinne der Integration, zusammen mit einem Nicht-Integrationskind stattfinden. Wer es sein sollte, oblag ihm! Eine schöne Idee, ihn nicht in eine Sonderrolle zu bringen und den anderen Kindern die Möglichkeit zu geben, etwas mit ihm zusammen zu machen.
Eine Mama aber stand auf und war empört. Ja, sie wollte auf keinen Fall, dass ihr Sohn mit Gabriel an dieser Maßnahme teilnehmen sollte! Begründung: „Wer weiß, was die da im Keller mit meinem Sohn machen“. (wörtliches Zitat!!). Ich war geschockt, betroffen und zutiefst verletzt!
Wenn die Kindergartenleitung nicht so professionell deeskalierend reagiert hätte, hätte ich vermutlich meinen ersten tätlichen Angriff gegen einen Mitmenschen getätigt - ohne jegliche Reue. Als die Wut sich langsam legte, versuchte ich zu verstehen. Ich konnte es nicht. Ich konnte verstehen, dass einem Behinderung Angst macht, weil man sich selbst davor schützen möchte, ich kann verstehen, dass man unsicher ist im Umgang, wenn man dazu keinerlei Erfahrung hat, aber ich konnte und kann bis heute nicht akzeptieren, dass man einen Menschen nur weil er offensichtlich anders ist, als schädlich abstempelt und ausgrenzen will. Das hat mir sehr weh getan und es war, die folgenden drei Jahre, sehr schwer für mich, mit dieser (Teufels-)Mutter, auch nur ein Wort zu wechseln.
Nur gut, dass das ein Einzelfall war und die restlichen 20 Eltern und Kinder Gabriel liebevoll in seiner Andersartigkeit integriert haben!

Einmal war er wieder zwei Wochen mit mir im Krankenhaus gewesen. Bei seiner Rückkehr in den Kindergarten, sind ihm alle Kinder entgegengerannt, haben ihn umarmt und geherzt, gesagt, wie sie sich freuen, dass er wieder da ist.
Meist hatte er ja eine Glatze und Riesen-Pflaster am Kopf.
Sie respektierten dann nicht schubsen zu dürfen, so frisch ope-

riert und halfen ihm, wo sie konnten, seine Schuhe zu suchen oder die Tür zu schließen.
Sie hatten ein Auge auf ihn, fuhren ihn mit dem 2-er Kettkar durch den Garten und geduldig gaben sie ihm den Raum wieder anzukommen.
Seine Geschwister beantworteten alle Fragen, die er verbal noch nicht beantworten konnte und waren stolz auf Ihren Bruder. Meine Seele war wieder heil und die schmerzliche Situation vergessen.

Heute weiß ich und verstehe, dass es im Umgang mit Behinderung Menschen gibt, die urteilen und wegschauen! Es gibt aber auch die, die hinschauen und sprachlos sind und eine Handvoll sehr besonderer Menschen, die intuitiv spüren und einfach da sind.
Freunde von uns betreiben eine kleine Kaffeerösterei in unserem Dorf. Die Inhaberin ist sehr weltoffen, liebt Kinder und hat mir mit Ihrem entkoffeinierten Espresso jeden Freitag meine Schwangerschaft versüßt.
Sie hat die ersten Schritte der Kinder in der Rösterei mit Begeisterung photographisch dokumentiert, sich mit uns gefreut, über die ersten Worte und Anekdoten der Kinder. Sie beim Rösten zuschauen lassen, geduldig die Bohnen aufgekehrt, nachdem die Kinder entdeckt haben, dass man auf den Säcken turnen kann.
Jeder Geburtstag wurde mit einem Geschenk begangen und sie hat nie mit Umarmungen gegeizt, als wir schwere Zeiten hatten!
Bei ihr durfte Gabriel stets hinter den Tresen und in die Kasse schauen, sämtliche Türen auf und zu machen, trotz Publikumsverkehr. Er wurde geherzt, geliebt und verstanden.
Durch die häufigen Besuche und Gespräche ist Gabriel hier ein ganz normaler Junge, inklusive seiner akzeptierten Andersartigkeit.
Neulich habe ich ihr von dem Buchprojekt erzählt und wir haben über dieses Thema geredet. Sie hat gesagt, dass sie keinerlei Berührungsängste mit Gabriel hat, aber wenn fremde Menschen

mit Behinderung kommen, ist sie trotzdem unsicher, wie sie sich richtig verhalten soll.
Das ist, denke ich das Problem, vor dem die meisten Menschen stehen. Man versucht sich richtig zu verhalten, aber weiß nicht was richtig ist!
Die Zahl und Vielfalt der Behinderungen ist groß und nur wenige, kennen sich ausreichend damit aus, so dass man unmöglich sofort weiß, was diesen speziellen Menschen ausmacht. Ich kann das nachvollziehen, habe aber gleichzeitig gelernt: man muss das genau nicht hinterfragen. Man muss das nicht wissen. Jeder Mensch ist glücklich, wenn er einfach nur beachtet wird. Beachtet und geliebt, angenommen und akzeptiert in der sichtbaren oder unsichtbaren Andersartigkeit.
Hoffentlich gelingt es Lisa und Gabriel mit Ihrem sonnigen Gemüt noch mehr Menschen dazu zu bringen, sich einfach auf sie einzulassen, auch wenn man sie nicht näher kennt!
Wenn Ihnen das gelänge, würden sie eine Bereicherung erleben, wie Eltern von behinderten Kindern jeden Tag. Die meisten Menschen mit Behinderung sind unglaublich stark, selbstlos und mutig!
Sie nehmen alle Menschen um sich an, wie sie sind und fordern meist keine Sonderrolle für sich ein.
Sie geben und zeigen uneingeschränkte Liebe über Blicke und Gesten und andere kreative Handlungen. Sie müssen immer über 110% geben, obwohl sie vielleicht körperlich oder kognitiv nur 50% haben, sind aber trotzdem fröhlich, lebensbejahend.
Sie sind auch wütend und traurig, aber selten habe ich erlebt, dass diese Wut mutwillig gegen einen Mitmenschen gerichtet wurde. Im Gegenteil, oft wird dann die Wut erst gegen sich selbst gerichtet, bevor man einen Mitmenschen schädigt.
Und wenn man dann auch noch eintaucht in die Welt der Eltern dieser anderen Kinder, dann wird man feststellen, dass auch die Eltern von Kindern wie Gabriel und Lisa fröhlich sind und das Lachen nicht verlernt haben.

Sie geben körperlich und geistig Alles und mehr um Ihre besonderen Kinder glücklich zu sehen, sind sich aber auf sportliche, ja teils echt frappierend ehrliche Weise der Grenzen der Kinder bewusst und können darüber mit viel Humor umgehen.
Ich selbst hatte ein wenig Angst, dass in den Elternabenden nur über Beeinträchtigung und Leid geredet würde.
Etwas was meinem Naturell überhaupt nicht entsprach. deshalb habe ich mich auch aus sämtlichen Drillingsgruppen und Stammtischen bisher rausgehalten. Das Gegenteil ist der Fall!
Die Elternabende sind meist voller Herzlichkeit und Humor. Die Lehrerin schildert zu Beginn meist, was die Kinder Tolles gestaltet oder geschafft haben. Darunter fallen natürlich auch Sachen mit konzentriertem Sitzen und arbeiten. Nun ist das ganz und gar nicht Gabriels Stärke und ich weiß, dass er sicher nach 5 Minuten auf dem Gang war und seine Runde gedreht hat. In seiner Klasse ist noch ein weiterer kleiner Ausbüchser, wie er. Dessen Mama schaut mich dann immer nur grinsend an und flüstert: Die Beiden sind sicher nach 2 Minuten draußen gewesen und haben Unfug getrieben.
Das macht dann soviel Spaß und bringt Leichtigkeit. Ein Junge in Gabriels Klasse will immer alles Umarmen und jeder ist sein bester Freund. Wenn wir dann im Stuhlkreis zusammensitzen, lachen wir auch über diesen Jungen, der jeden zu seinem Freund macht und mit seinen Umarmungen nicht jeden begeistert-vor Allem die die keine Nähe zulassen können. Aber er bringt einfach immer Liebe rein und richtet es schon!
Oder ein anderes Mädchen, das immer etwas von zu Hause mitbringt. Mal ein Duschgel, mal eine Banane. Auf dem letzten Laternenumzug hatte sie das Duschgel dabei und wir haben zusammen mit den Eltern versucht herauszufinden, warum sie bei Laternenumzug auf Duschgel kommt. Wir hatten sehr kreative Ansätze.
Auch die Fahrer und die Sozialpädagogen, Betreuer und Therapeuten sind irgendwie meist eine fröhliche Truppe. Neulich kam

Gabriel nach Hause und die Fahrerin hat mich gefragt, ob wir einen „Bierbaum“ hätten. Bis ich dann klären konnte: er meinte „Bier bamm“, seine Aktion auf den Wertstoffhof. Was haben wir gelacht. Oder einmal fragte mich die Busfahrerin, warum er wenn er einsteigt immer „Messer“ sagt. Irgendwann hatte sie es rausgefunden und war außerordentlich stolz. Er meint „Vanessa“, die vormals bei ihm im Bus saß. Es gibt immer was zu lachen, wenn man bereit dazu ist.
Verblüfft und ja begeistert bin ich bis heute von den Eltern, der durch Gabriels Türschlag verletzten Kinder. Ich hielt es natürlich umgehend für meine Pflicht anzurufen und mich zu entschuldigen. Die Reaktion „Das sind doch Kinder, da kann immer mal was passieren!“ Man beruhigte mich!

Wenn Sie dieses Kapitel gelesen haben und Eltern sind von einem schwerst- oder mehrfach behinderten Kind, tuen sie sich vermutlich schwer, dass alles so zu unterschreiben.
Aber auch in meinem Leben mit Gabriel gab es die Kapitel, wie gelesen, in denen ich mehrfach, um das Leben meines Sohnes ringen musste. Stellen und Zeiten der Trauer des Hoffens und der Verzweiflung. Durchwanderte Täler. Ja die gibt es. Es gibt auch die verzweifelten Momente gegen die Mühlen der Bürokratie und Momente, in denen man nicht lachen kann, weil man gelähmt ist vor Sorge. Und Momente der Erschöpfung. Auch wir wissen nicht, wie weit Gabriels Entwicklung gehen wird, ob er jemals ein selbständiges Leben führen wird oder nicht.
Wir haben anfangs gefragt nach dem warum, er war ja gesund auf die Welt gekommen. Aber das hat uns gelähmt und ihn gelähmt. Heute konzentrieren wir uns einfach auf das Jetzt und Hier und erfreuen uns an ihm und jeder seiner Reaktionen und Liebesbeweise.
Manchmal fällt die Freude kleiner, manchmal grösser aus. Manchmal ist es schon die höchste Freude, nach einem schweren Krampfanfall, aus seinem schwachen Mündchen „Mama“ zu hö-

ren, manchmal ist es Freude, wenn er etwas Witziges sagt, und manchmal ist es einfach Freude, wenn er sich freut.
Wir haben in der Schule auch eine Schülerin in der Berufsklasse, die komplett an den Rollstuhl gebunden ist, künstlich ernährt wird und einfach sehr in Ihrer Unabhängigkeit eingeschränkt ist. Die Schule hat im Sommer einen Circus an die Schule geholt, der mit den Kindern Kunststücke eingeübt hat. Mit diesem Mädchen hat der Clown eine mystische Nummer einstudiert, wobei das Mädchen mit der Nase einen überdimensionalen Luftballon zu wunderschöner Musik jongliert hat. Das war Freude, Freude für die Eltern, die Schüler, das Mädchen und den Clown. Das hat Alle so gerührt. Ein unvergesslicher Moment, ein Moment der Magie und für das Mädchen sichtbar größter Freude.

ÄRZTE UND ALTERNATIVE HEILMETHODEN

Heute waren wir bei unserer Kinder Ärztin. Sie ist eine ehemalige Allgemeinärztin, umgesattelt auf Homöopathie. Gabriel liebt sie und ist beim Betreten Ihrer Praxis schon geheilt. Wohlgemerkt noch vor den Kügelchen. Ein Phänomen. Oder Placebo Effekt?
Mich lässt das dann immer wie einen mütterlichen Hypochonder aussehen, weil ich am Telefon zwecks (wirklich) schlechtem Zustand meines Kindes, dringend, sofort eingeschoben werden muss.
Sie hat mir Fotos von Gabriel gezeigt, die sie für einen internationalen Kongress als Vortrag einer Erfolgsstory mitnehmen wollte. Gabriel sollte darin einer der „Helden" sein.
Die Entscheidung, zu dieser tollen Ärztin zu gehen und mich auf die Homöopathie einzulassen, war goldrichtig. Es ist toll, wie diese Disziplin, Großes bewirken kann und traurig wie wenig Respekt und Achtung ihr von anderen ärztlichen Disziplinen entgegengebracht wird. Daher ist es mir ein Anliegen, ein Kapitel explizit diesem Thema zu widmen!

Gabriel hatte streckenweise monatlich eine schwere Bronchitis und außerdem häufige Krampfanfälle, die uns stets mehrtägige Krankenhausaufenthalte beschert haben.
Er wurde vollgepumpt mit Medikamenten, die natürlich die Akutsituation retteten, aber keinerlei Verbesserung seiner allgemeinen Konstitution brachten!
Regelmäßige Arzttermine und Kontrollen, sowie die Anschaffung von Inhalatoren, prägten unseren Alltag. Wir hatten das Gefühl,

nur noch von einem Arzt zum anderen zu rennen und unser Kind damit mehr zu belasten, als alles andere.
Trotzdem, sahen wir anfangs noch den Sinn der Allgemeinmedizin, als alleinigen rettenden Anker für Gabriel. Man ist da irgendwie so geprägt, das ist irgendwie so gelernt. Schließlich wären unsere Drillinge nicht so erfolgreich in diese Welt gestartet, ohne die Allgemeinmedizin, ohne die Kinderchirurgen und Intensivmediziner, die alle einen tollen Job gemacht haben, und Ihre volle Daseinsberechtigung haben.
Ab und zu haben wir uns allerdings trotzdem gefrag, ob es gut ist seinem Kind streckenweise 3 Antiepileptika zu geben, deren Nebenwirkungsliste so lang ist wie eine Klo-Rolle und zum Beispiel „Entwicklungsverzögerung“ an erster Stelle nennt. Und das bei einem Kind das eh schon entwicklungsverzögert ist?!?
Um das richtige Antiepileptika zu finden, muss man mehrere ausprobieren, wie bei einem „Versuchskaninchen“.
Diese Medikamente sind mit keinerlei Klinischen Studien an Kindern getestet und daher offiziell auch nicht für Kinder zugelassen. Man verlässt sich auf die „Erfahrungswerte“ der Neurologen und schaut was passiert! Voraus geht ein EEG, eine sogenannte Hirnstrommessung, die unregelmäßige Hirnströme aufnimmt und damit dem Neurologen eine Indikation gibt, für die momentane Krampfanfälligkeit.
Alle drei Monate wird solch ein EEG geschrieben, - eine Momentaufnahme, dann wieder die Dosis angepasst oder das Medikament gewechselt und ausgetauscht. Alleine das ist eine Tortur für das Kind.

Bei Gabriel haben wir lange nicht verstanden, warum er nie Essen und noch weniger Trinken wollte. Er hat nicht zugenommen und war alleine deshalb, schon sehr anfällig für Krankheiten! Bis wir dann mal nachgelesen haben, dass die Antiepileptika das er momentan bekam, als eine von vielen Nebenwirkung „Appetitlosigkeit“ hervorhob!

Bei der nächsten Runde EEG bestanden wir dann darauf, das Medikament sofort gegen ein Anderes auszutauschen! Und-oh Wunder-der Kerl begann zu essen! Dennoch, die Kurve sah wieder ein wenig anders aus, als vor drei Monaten im EEG, also wieder Anpassung der Dosis nach oben-mehr Medizin rein. Stellenweise hatte er ein aufgedunsenes Gesicht vor lauter Medizin, die sein Körper nicht mehr abbauen konnte und die Krampfanfälle kamen trotzdem, in regelmäßigen Abständen durch.
Auch erschloss sich uns nicht, dass bei Gabriel der bekanntermaßen eine geschädigte Hirnstruktur hat, ein EEG das Mittel der Wahl, für die Wahl der Therapieform sein kann!?
Für uns war es logisch, dass er nie ein sauberes EEG haben kann, mit seiner irreparablen Schädigung, ergo warum ihn daran messen? Und auch unser behandelnder Neurologe kam zu dem Schluss, aber überraschenderweise, änderte sich dadurch Nichts am weiteren Procedere. Der nächste Termin für EEG wurde ausgemacht. An dem Punkt fühlten wir uns, wie in einer Sackgasse!
Unsere treuen Wegbegleiter der Frühförderung brachten, bei einer von Gabriels Therapiestunden, eine Ärztin ins Spiel und die Idee, neben der Normalmedizin, doch auch einer alternativen Heilmethode eine Chance zu geben.

Für mich, die ich mit dem Glauben aufgewachsen bin: Homöopathie ist maximal ein „Tropfen auf den heißen Stein...da der Wirkstoff so verdünnt vorliegt, dass er nicht wirken kann!“ (O-Ton meine geliebte Mama, die in einer Apotheke gearbeitet hat und die Potenzen selbst erstellt hat), eine große Überwindung, der Sache eine Chance zu geben.
Aber, da wir Vertrauen in unsere Frühforderung hatten, machten wir einen Termin zu einem sogenannten „Konstitutionsgespräch“. Dabei lernt der Homöopath das Kind genau kennen und findet dann das „Konstitutionsmittel“, das genau zu dem Kind passt. Man muss sich das vorstellen, wie ein Schlüssel, der in die Tür passt.

Es gibt nur einen, der die Tür wirklich öffnen kann. Ich war, nach wie vor skeptisch, ob so ein paar Zuckerkügelchen eine Wirkung zeigen können und werden.
Zumal ich damals nicht wirklich verstand, was die Ärztin mir da erklärte und einfach vertrauen musste. Was ich verstand war, dass man mit der richtigen Wahl des „Schlüssels", Türen öffnen kann, die sonst verschlossen blieben, und hinter denen körpereigene Kraftreserven liegen, die damit zugängig und aktiv gemacht werden sollen. Aber es sei auch noch viel mehr.
Es ist vor Allem eine ganzheitliche Betrachtung und Behandlung des Patienten! Eine Kehrtwende weg von der Behandlung und kurzfristigen Unterdrückung von Symptomen, durch belastende Medikamente, hin zur langfristigen Stärkung des Patienten und dessen Grundverfassung.
Ein massives Umdenken, ein kompletter Reflexions-Wechsel, ein Ausbrechen aus einer endlosen Spirale. Befreiend, weil der Blick stets auf das Wohlbefinden des Patienten gerichtet ist!
Schon das Betreten der Praxis-eine Wohltat! Schuhe aus, überall Teppich und das Wartezimmer wie ein Beduinenzelt, gemütlich wie ein Wohnzimmer! Eine Atmosphäre der Ruhe und Heilung!
Verglichen mit einem kalten Krankenhausflur eine Wohltat!
Trotzdem, fühlte sich diese neue Richtung streckenweise wie ein Flug im freien Fall an, da die Spielregeln und Instrumente der Allgemeinmedizin, die seit der eigenen Geburt gelebt und angewendet wurden damit eine gewisse Vertrautheit haben.
Die der Homöopathie nicht. Man ist krank, Bakterien oder Viren, geht zum Arzt, wird untersucht, dann in die Apotheke und holt sich was dagegen.
Meist Schmerzmittel oder andere Unterdrücker von Symptomen, die aber nicht die Ursache der Erkrankung angehen! Da fällt es schwer, daran zu glauben, dass Globuli, oder einfach dem eigenen Körper vertrauen, dasselbe können und dabei gleichzeitig noch mehr-nämlich den Körper stärken!

Das beste Beispiel ist Fieber. Immer wenn Gabriel Fieber hatte, haben wir das Fieber gesenkt: Mit fiebersenkenden Mitteln.
Die Folge war eine kurzfristige Verbesserung, dann schoss das Fieber, umso stärker wieder hoch! In diesem Zustand, begann er häufig zu Krampfen!
Die Homöopathie erlaubt das Fieber als geniales Selbstheilungsinstrument des Körpers! Also zulassen!
Wir hörten auf, Zäpfchen und Fiebersäfte zu geben. Die Kinder erholten sich tatsächlich schneller. Eine Nacht heftiges Fiebern, brachte meist den Durchbruch und die Besserung am nächsten Tag. Gabriel krampfte weniger! Ein echter Erfolg, aber anfangs eine Überwindung.

Nach vielen Gesprächen, wuchsen wir langsam in diese geänderte Richtung hinein und brachten den Mut auf, auch in anderen Bereichen, dies aktiv zu ändern!
Wir hörten auf, alle 3-Monate zum EEG zu gehen! Wir begannen nach dem Motto zu handeln: „Mache nur eine Untersuchung, wenn Du bereit bist, die Konsequenzen zu tragen!". Wir gewannen Mut unseren Sohn anzuschauen und zu erkennen, wie es ihm geht, versus einer EEG Messung als Spiegel seines Wohlbefindens heranzuziehen. Wir hatten den Mut, einen anderen Weg einzuschlagen! Dinge zu hinterfragen, bevor wir sie taten.
Ein weiteres Beispiel: Impfungen.
Ich hatte ja in einem vorausgegangenen Kapitel von dem Drama meines Sohnes Juan erzählt, der nach der 5-Fach Impfung in einen schlimmen Krampfstatus gefallen und fast gestorben wäre!
Nun stand formell die Auffrischung an und ich hatte große Angst davor!
Die Ärztin erklärte uns, dass man, bevor man neu impft die Notwendigkeit der Auffrischung per Blutentnahme abklären kann.
Wenn noch ausreichend Schutz vorhanden, muss die Impfung nicht durchgeführt werden. Unser allgemeiner Kinderarzt fand es befremdlich, dass wir diesen Weg gehen wollten, führte dennoch

die Blutentnahme durch und heraus kam, dass noch ausreichend Schutz vorhanden war, von der 1. Impfung, also erst einmal keine notwendig ist. Wir erhielten hierbei erneut eine Bestätigung, Eigenständiger und individueller in uns und unsere Kinder hineinzuhören; auf deren realen Befindlichkeiten angemessen zu reagieren.

Mit der Zeit trauten wir uns, Gabriels Krampfmedikation nach unten zu dosieren; sogar auf ein Minimum zu reduzieren! Er wurde plötzlich stärker, krampfte weniger (!), nahm zu, wuchs und durfte vor Allem einfach mal Zeit haben, sich zu entwickeln ohne permanent von einer Arztpraxis zur anderen geschleift zu werden!
Auch für uns eine große Erleichterung im Alltag! Und seine Entwicklung ging und geht stetig voran. Er ist bei uns und wir sehen, er versteht die Welt, in der wir leben. Er lebt in ihr und mit uns, trotz seiner kognitiven Einschränkungen!
Er konnte Überleben Dank der Allgemeinmedizin und kann am Leben teilhaben Dank Homöopathie.
Er durfte die letzten Jahre, ohne ein durch starke Medikamente vernebelten Blick, die Welt entdecken und erkunden. Er hat die Möglichkeit bekommen, seine Persönlichkeit zu entwickeln und diese genutzt.
Die Ärztin, sagt immer zu mir: „Gabriel ist einzig auf dieser Welt, um andere Menschen glücklich zu machen." Ist das nicht ein schönes Kompliment? Und es stimmt! Er bringt Alle zum Lachen, ringt Allen Mitleid ab, wenn ihm etwas wehtut! Grüßt Alles und Jeden freundlich. Speziell im Supermarkt: An der Wursttheke oder beim Fleisch, werden alle Omas und Opas auf die Schulter geklopft und angesprochen. Auch an der Milch und Joghurttheke, wo er seinen Lieblingsjoghurt mit Smarties bekommt, teilt er seine Begeisterung darüber mit Allem und Jedem.
Auch die Kasse, hat es ihm angetan und es ist müßig zu berichten, dass er jedes Mal Süßigkeiten abräumt. Neuerdings auch für seine Geschwister, wenn sie nicht dabei sind! Ganz schön schlau...?

Ich staune, über das medizinische und homöopathische Wissen, dass sich Severine, in den letzten 8 Jahren angeeignet hat.
Aber ja, man lernt dazu und vor allem, wenn man durch die Notwendigkeit auf irgendeine Art und Weise, damit konfrontiert wird oder kreativ werden muß und es auch wird, wenn man Verantwortung trägt und mutig ist.
Es ist tatsächlich so, dass, wenn man selbst nicht betroffen ist, egal ob durch Krankheit oder evtl. eine Behinderung eines geliebten Menschen, man sich nicht damit auseinandersetzen muß und will. Man bleibt diesen Dingen gegenüber verschlossen. Menschlich.
Mir ist früher nie aufgefallen, wie viele Behinderte es unter uns gibt. Auch ich hatte Angst vor Andersartigkeit, wobei ich sagen muss, dass ich schon immer ein buntes Völkchen, sehr unterschiedlicher Menschen, um mich gescharrt habe.
Allerdings keiner mit einem Handycap. O.k., einige Menschen sind krank, aber das ist nicht augenscheinlich, man kann es verdrängen oder einfach mal parken für eine Weile.
Menschen, Kinder, die anders sind bereichern unsere Welt.
Sie lieben ohne zu fordern, es ist eine offensichtliche, ehrliche Liebe.
Und auch Lisa geht mit ihrer Umwelt so um, wie Gabriel. Sie sieht jemanden und entweder mag sie diese Person, oder nicht. Wenn Lisa jemand in ihr Herz geschlossen hat, dann merkt das Gegenüber es sofort.
Wir Menschen belügen uns gerne selbst, Lisa lässt das nicht zu!
Sie merkt sofort, wenn man nicht ehrlich mit ihr ist, wenn man ihr was vorspielt! Sie ist extrem harmoniebedürftig und sobald ihr Umfeld nicht so harmonisch ist, wie sie es gewohnt ist, zeigt sie das und reagiert mit Stresssymptomen.
Lisas` Oma, meine Mutter, hat Alzheimer – mittlwereile im Endstation.
Seit nunmehr fast zwei Jahren, lebt sie in einem Heim für Demenzkranke. Eine Pflege zuhause, war einfach nicht mehr mög-

lich, weder durch meinen Vater noch Pflegepersonal.
Aber auch wir selbst hätten sie nicht pflegen können. Es zerreißt einem das Herz, seine Mutter so zu sehen, und zu sehen, wie sich der geliebte Mensch, und alles was ihn charakterlich ausgemacht hat, auflöst. Lisa war das letzte Mal im Sommer 2017 bei ihrer Oma.
Ich kann sie da einfach nicht mehr mitreinnehmen. Sie sollte ihre Oma auch so in Erinnerung behalten, wie sie war, fröhlich, unternehmungslustig, fürsorglich und immer für Lisa da und immer für Blödsinn zu haben.
Die Oma, die sich ihr jetzt präsentiert, erkennt sie nicht mehr, glaubt ich bin ihre Mama und spricht nur noch Babysprache (mittlerweile spricht sie gar nicht mehr, kann nicht mehr laufen und wir schauen ihr zu, wie sie sich langsam auflöst).
Als Lisa sie zuletzt sah, war sie so aufgebracht, dass wir Stunden gebraucht haben, um sie wieder zu beruhigen.
Jedes Mal, wenn wir nun gemeinsam in meiner Heimatstadt sind und nur in die Nähe des Heims fahren, hat Lisa ein Problem! Wir müssen uns da einfach immer ablösen, und entweder ich bin allein bei Mama, oder mein Mann und einer unternimmt etwas Schönes mit Lisa.
Was für eine sensible kleine Persönlichkeit.
Wir erleben ja immer wieder dieses bestaunt, beäugt werden, ob aus Mitleid, Verwunderung.
Ich weiß gar nicht, ob man sich da einen Schutzmantel zulegt oder es einfach unser gesunder Humor, uns davor schützt, einfach darüber hinwegzusehen. Wenn wir bzw. Lisa aber angeglotzt wird – wie einmal bei einer Hochzeit – dann spreche ich die Person direkt an, gibt es irgendwelche Fragen, die ich beantworten kann. Man glaubt gar nicht, wie schnell man daraufhin ignoriert wird.
Lisa wird übrigens immer erfindungsreicher, in dem was sie anstellen kann, und ich bin ihr nicht böse deshalb, im Gegenteil ich freue mich, wenn sie aufgeweckt und phantasievoll ist.

So war ich z.B. in den Ferien einmal 5 Minuten im Büro und hab sie allein gelassen. 5 Minuten!
Als ich wieder ins Wohnzimmer kam, saß Lisa vergnügt aber klatschnass, auf dem Sofa und hat sich gekugelt vor Lachen. Auf meine Frage hin: Was hast Du angestellt?", lachte sie nur noch mehr.
Die nasse Spur zum Bad war eindeutig! Im Bad klettert sie neuerdings allein in die Badewanne, hat sich den Duschkopf geschnappt, damit sich und das ganze Bad nass gespritzt.
Ist dann – eine Spur, wie eine Schnecke hinterlassend – in ihr Zimmer, hat dort alle ihre Kleider aus dem Schrank geräumt und danach alle ihre Bücher aus dem Bücherregal ausgeräumt! Zu guter Letzt alle ihre Kuscheltiere/Puppen aus ihrem Spielhaus im ganzen Zimmer verstreut.
Danach wieder brav aufs Sofa gesetzt und auf die Mama gewartet. Herrlich!
Trotzdem, ist der Kleiderschrank nun gesichert. Zweimal täglich den Schrank wieder einräumen, war selbst mir zu viel. Und Lisa würde sich liebend gerne fünf Mal täglich umziehen, am liebsten Kleider, lange Kleider, viel Flatter, viel Glitzer. Und es macht Spaß, ihr dabei zuzusehen.

DIE GESCHWISTER EINES BEHINDERTEN KINDES – SCHATTENKINDER?

„Mama, wir haben ein Schreibtagebuch bekommen, und da können wir alles reinschreiben was wir wollen!“
So kam meine Tochter letzte Woche begeistert nach Hause. Sie setzte sich gleich an Ihren Schreibtisch und kam erst nach einer Stunde wieder!

Sie hatte zwei Geschichten geschrieben. Die ersten Geschichten in Ihrem Leben! Nummer 1 handelte von einem Detektiv, der Teil des vergangenen Unterrichtes gewesen war und Geschichte Nummer 2, (Da schossen mir die Tränen der Rührung in die Augen): Mein Leben mit einem behinderten Bruder!
Es war auch ein Bild dabei, sie und Ihre beiden Brüder! Gabriel groß in der Mitte, mit einem Herz auf der Brust.
Gespickt mit Rechtschreibfehlern hatte sie in 4 Sätzen beschrieben, wofür ich ein ganzes Buch brauche!
Der Wortlaut war wie folgt: „Manchmal ist es nervig. Und dann ist es wieder unglaublich schön zu sehen, wie er Fortschritte macht und von uns lernt. Er macht große Fortschritte. Das ist toll.“

Die Lehrerin war genauso bewegt, wie wir, als sie das gelesen hat, primär, aber darüber, dass ein 7-jähriges Kind seine Gedanken so artikulieren kann und will.
Wir waren bewegt vom Inhalt und Ihrer sozialen Kompetenz. Der positive Umgang mit dem „anderen Bruder“ und die Akzeptanz seiner Andersartigkeit, von persönlichem Stolz und Liebe, an seinem Fortschritt teilzuhaben, hat uns gezeigt, dass keinerlei ne-

gative Emotionen dazu, in unserer Tochter schlummern. Es ist für sie einfach normal wie es ist! Offensichtlich ein (Teil-)Erfolg unserer Erziehungsansätze!
Oft haben wir uns als Eltern Gedanken gemacht, wie sich wohl die vielen Ausnahmesituationen, in denen ein Elternteil, wochenlang im Krankenhaus mit Gabriel war und ihm die ganze Aufmerksamkeit zuteilwurde, auf sie auswirken würden.
Die unzähligen, aufwühlenden Besuche des Notarztes mit Licht und Lärm, bisweilen auch Panik und Gespräche, die eigentlich für die anfangs, sehr kleinen Kinderohren, ungeeignet waren!
Sie haben alles mitbekommen, und häufig wochenlang ihren Bruder nicht sehen und besuchen können, ohne wirklich zu verstehen warum. Unsere Sorgen konnten wir oft auch nicht vor ihnen verbergen, obwohl wir es immer versucht haben.
Es ging und geht einfach immer sehr viel um Gabriel, und Entscheidungen hängen von seinem Gesundheitszustand ab. Viele, geplante Ausflüge und Treffen mit Freunden und Familie, mussten wir in den vergangenen Jahren kurzfristig absagen, oder konnten wir nur in getrennter Fraktion durchführen.
Einer/Eine mit Papa und eine Truppe mit Mama. Aber wir haben ehrlich versucht, möglichst trotzdem keinen zu kurz kommen zu lassen!

Wir haben sog. Papa-Tage eingeführt, an denen Savannah oder Juan, exklusiv mit dem Papa einen Tag verbringen dürfen und die Aktivität wählen können.
Auch haben wir als Eltern angefangen, Gabriel, alle paar Monate ein Wochenende in die liebende Hand seiner Sitterin Natasha und ihrer Familie zu geben, um einmal ein ganzes Wochenende mit den anderen Beiden Dinge tun zu können, auf die sie oft verzichten mussten. Einmal waren wir auf einem regionalen Herbstfest und danach Pizza essen. Am Tag darauf, haben wir eine große Bergtour gemacht, von der sie heute noch schwärmen. Diese „Komfort-Zeit“ ist, unserer Erfahrung nach, sehr wichtig für die

Geschwisterkinder, um sich gleichwertig und beachtet zu fühlen und einfach nur Kind sein zu dürfen!

Schwer, war für uns auch, in den ersten Jahren, Savannah und Juan zu erklären, warum Gabriel anders ist.
Wir haben es anfangs damit versucht, dass er einfach der Kleinere ist und deshalb manches noch nicht kann! Später kamen dann die Fragen, warum er Kleiner ist, wenn sie gleichzeitig Geburtstag haben ergo gleich alt sind! Dann haben wir gesagt, dass er einfach viel krank war, am Anfang seines Lebens und daher im Lernen später dran ist und wie wichtig es ist, seine Geschwister zu haben, um von Ihnen zu lernen, was er noch nicht kann.
Seitdem haben sie einen Ehrgeiz entwickelt, ihm wichtige Wörter beizubringen wie „Balabala" oder ihm die Frage zu stellen „Wer ist balabala?" mit der richtigen Antwort „Mama".
Jeden Tag „therapieren" sie ihn, indem sie mit ihm normal umgehen. Ihm auch eine verpassen, wenn er ihnen eine verpasst! Sie bringen ihm bei was bedeutet „Weh zu tun" und dass man dann auch gehauen wird, wenn man Anderen weh tut und, und, und. In allen Bereichen des Lebens sind sie zusammen als Team, wenn es auch manchmal „nervig" sein kann, wie von Savannah sehr treffend beschrieben.
Mittlerweile hat jeder in unserer Familie seine feste Rolle inne und sobald einer fehlt, fehlt ein großes Stück. Auch Gabriel hat eine feste Rolle! Wir ertappen uns dann beim Mittagessen oder anderen Gelegenheiten dabei zu sagen: „Gabriel hätte jetzt...oder Gabriel würde jetzt..." und er fehlt uns von ganzem Herzen, wenn er nicht da ist.
Ein Leben ohne ihn, oder mit einem anderen ihn, können und wollen wir uns nicht vorstellen. Dasselbe gilt für unsere anderen zwei Kinder!
Wir sind zusammen durch diese manchmal schweren Zeiten gegangen und das hat uns stark gemacht! Gefestigt in unserem Familienzusammenhalt und unserem Vertrauen füreinander.

Heute ist es so, dass wir in gesundheitlichen Notsituationen ein eingespieltes Team sind. Savannah und Juan wissen genau, was zu tun ist und wo das Notfallset liegt. Sie wissen, was Gabriel braucht, wenn er krampft, sie wissen wie und wann man den Notarzt braucht und was er mit Gabriel macht. Sie helfen so gut sie können mit, wenn ich alleine bin und darauf bin ich sehr stolz. Sie stehen neben und zu Ihrem Bruder - nicht in seinem Schatten.

Großer Respekt für eine Familie mit Drillingen!

Wir hätten uns mehrere Kinder gewünscht und haben tatsächlich, als Lisa ein Jahr alt war, es nochmals versucht Nachwuchs zu bekommen. Das endete jedoch in zwei Fehlgeburten und einer Eileiterschwangerschaft, die mich beinahe das Leben gekostet hätte. Ich verlor dabei 2,5 Liter Blut und war für 6 Wochen ein vampirähnliches Wesen! Unglaublich, wie man sich verändert, wenn man so viel Blut verliert. Keine roten Lippen mehr, die Hände sehen tot aus. Aber ich erholte mich gut, physisch und psychisch und danach, war das Kinderthema ad acta gelegt.
Wir hatten auch eine Zeit lang über eine Adoption nachgedacht, allerdings war zum damaligen Zeitpunkt das maximale Alter beider Partner gemeinsam 80 und dies überstiegen wir leicht! Heutzutage wurde diese Bedingung gelockert. Heute sind 40- oder 50-jährige durchaus jung. Nicht Alle, zugegeben, aber, die meisten, die ich kenne, haben sich diese Jugendlichkeit erhalten, vor allem im Herzen.

VOM LAUFEN,
LAUFEN LERNEN
UND MANCHMAL:
ZUM DAVONLAUFEN!

Wie anfangs erwähnt, haben wir uns eine Zeit lang mit dem Thema „Talker“ beschäftigt.
Auch deshalb, da ein Mitschüler, der ebenfalls nicht spricht, diesen nutzt und die Familie davon recht begeistert ist. Im Dezember 2017 haben wir aufgrund mehrerer Empfehlungen einen Termin mit einer renomierten Firma vereinbart, die Kommunikationshilfen vertreibt.

Der Aussendienstmitarbeiter war eine Erscheinung.
2 Meter groß, mindestens 150 kg schwer, voller Piercings! Schnaufend und schwitzend.
Erst dachte ich, Lisa hätte Angst, das Gegenteil war der Fall. Sie liebt ja Menschen, die besonders aussehen! Im Vornhinein wurden wir informiert, dass dieser Besuch schon mal was kostet!
Schlappe 300 Euro, die wir privat zu zahlen haben, da Sprachhilfen/Kommunikationshilfen, über unsere Krankenversicherung nicht abgedeckt sind.
Zunächst haben wir uns nett unterhalten, Lisa war sehr neugierig. Uns wurde eine App am Tablet vorgestellt. Ein Tablet, mit einer Baustellenschutzhülle incl. dem besagten Programm/App.
Man kann Zeichen bestimmen, fängt grundsätzlich mit vier an, z.B. Mama, Papa, Toilette, Essen... Man kann sich diese Bilder aus einem Portal heraussuchen oder selbst ein Foto schiessen. Zur Auswahl steht: Die eigene Stimme, eine männliche, eine weibliche oder eine Kinderstimme, die das angetippte Wort ausspricht. Man kann auch ganze Sätze bestimmen.

Auf meine Frage hin, ob man denn die App auch ohne Endgerät erwerben könnte, kam ein nein. Nur das komplette Gerät, heißt Tablet incl. der Hülle und der entsprechenden App sei käuflich erwerbbar.
Man müsste auch noch eine Einführung erhalten und somit, würden sich die Kosten, allein für das Gerät incl. App um 3.000 Euro bewegen. Die zusätzlich, notwendige Schulung auch nochmals ca. 300 Euro. Daraufhin wechselten mein Mann und ich nur Blicke aus. Hätten wir schon einen Talker gehabt, hätten wir ihn sicher mit den Worten programmiert: „Das ist ja unglaublich, unglaublich!“
Lisa hat das System sofort verstanden und fröhlich auf den Tasten/Bildzeichen herumgedrückt:“ Mama ja, Papa nein, Gummibärchen“ etc.
Nachdem sich der Aussendienstmitarbeiter verabschiedet hat, sagte ich zu meinem Mann: Gib mir eine Stunde.

Nach einer Stunde hatte ich die App gefunden, die nicht durch die Anbieterfirma erstellt wurde, sondern durch ein amerikanisches Unternehmen und für 89 Euro zu erwerben war. Ein Tablet kostet, je nach Ausführung 400 bis 800 Euro, die besagte Baustellenschutzhülle ca. 200 Euro. Somit kommt man summa summarum auf maximal 1.000 Euro.
Wenn man mit Computern arbeitet und sich in der medialen Welt zurechtfindet, bedarf es bei der App auch keinerlei Schulung - man probiert sich aus.
Wie soll man sich da fühlen ohne das V-Wort zu benutzen? Es tut mir wirklich leid, aber wir erleben einfach bei, sogenannten Helfern, immer wieder solche Paradebeispiele, die einem den Mund offen stehen lassen.
Die Welt bereichert sich, an der Hilflosigkeit oder Bedürftigkeit Schwacher. Und ich möchte nicht wissen, wieviel Geld mit dieser – nennen wir sie, was sie ist – Minderheit verdient wird.
Ein Schreiben, dass uns dem Angebot beigefügt wurde, für unse-

re Krankenversicherung, nach dem Motto, versuchen Sie es, vielleicht zahlt die Krankenversicherung doch was, steht unter anderem:
„XY ist kognitiv nicht eingeschränkt. Sie verfügt über alle benötigten intellektuellen Fähigkeiten, eine Kommunikationshilfe zu bedienen. Ein solches Hilfsmittel würde für die Patientin den Erhalt und Ausbau der Eigenständigkeit bedeuten..."
Hallo, wir haben ein Kind, das sowohl eine körperliche als auch eine geistige Behinderung hat.
Natürlich hat Lisa die Bedienung sehr wohl und sehr schnell begriffen, aber die Frage ist, ist das das richtige Hilfsmittel für sie...?
Nach einem ausführlichen Gespräch mit Lisas Klassenlehrerin, haben wir uns dagegen entschieden.
Lisa ist noch zu klein und entwickelt gerade, eine eigene Sprache, mit Tönen, Gestik und Gebärden. Wir haben mittlerweile ein kleines Liesisch: Wörterbuch angefertigt- Lisa ist sehr erfinderisch und sehr phantasievoll und das wollen wir ihr, durch drücken von Tasten auf einem Bildschirm, nicht nehmen. Das kann sich ändern, wenn sie älter ist.
Momentan ist aber dafür noch nicht die Zeit! Und was kümmern uns die Menschen, die Lisa nicht verstehen, wir sind tolle Übersetzer. Vielleicht kommt irgendwann die Zeit, für so ein oder anderes Gerät. Wir werden sehen!

Ein ähnliches Erlebnis – etwas anders – hatten wir im letzten Jahr mit der Abrechnung der notwendigen Orthesenschuhe für Lisa.
Das Thema Krankenversicherung bzw. Bedarf für Behinderte ist sowieso ein Thema für sich! Unzählige Beispiele haben wir da mittlerweile. Ein Beispiel nachstehend, um den täglichen Wahnsinn nachvollziehen zu können:
Wir hatten die Jahre davor Orthesen, was furchtbar umständlich war:
Wir mussten einmal jährlich in eine orthopädische Klinik, Füße

vermessen, Gipsabdrücke erstellen, zur Anprobe nochmal anreisen. Dies war zwei Mal jährlich notwendig, ein Kind wächst ja. Jedes Mal waren die damit verbundenen Kosten bei ca. 1.200 Euro, die ohne Diskussion von der Krankenversicherung getragen wurden.
Allerdings waren die Besuche in der orthopädischen Klinik auch sehr anstrengend! Stundenlanges Warten, egal, ob man einen Termin hatte. Es kam immer ein Notfall dazwischen. Und es gibt wirklich nichts, was es nicht gibt, unglaublich welche Arten von körperlichen Behinderungen es gibt. Man wird sehr demütig und dankbar mit dem, was man hat oder eben nicht...
Nach eingängigen Gesprächen mit der Physiotherapeutin haben wir die Empfehlung bekommen, Orthesenschuhe für Lisa zu besorgen.
Da die Orthesen Lisa oft gedrückt haben, sehr starr waren und Lisa damit nicht mehr krabbeln wollte. Das hat sie allgemein mehr eingeschränkt, als ihr geholfen.
Gesagt – getan. Es gibt mittlerweile wunderbare Orthesenschuhe, die kaum von normalen Schuhen zu unterscheiden sind. Kostenpunkt pro Paar ca. 270 bis 320 Euro, je nach Modell. Also braucht ein Kind mindestens 2 Paar pro Jahr, Sommer/Winter. Somit keine 600 Euro pro Jahr.
Ja was für eine Überraschung. Orthesenschuhe werden von der Krankenversicherung nicht bezahlt! Wieder ein Bürokratie-Drama mit folgenden Diskussionen mit unserem Berater der Krankenversicherung etc.

Letztendlich einigte man sich darauf, dass uns das Sanitätshaus eine Rechnung über Orthesen ausstellt, jedoch Orthesenschuhe liefert und somit wird bezahlt. Man wird also zum Lügen angestiftet, weil unser System so unbeweglich ist. Ich habe aufgehört die Sinnhaftigkeit zu hinterfragen, aber was das im Vorfeld für uns Eltern für Arbeit ist und so ein unnötiger Aufwand und eine Zeitverschwendung darstellt. Ich bin mir sicher, wir werden im Laufe unseres Lebens, noch viel mehr solche Geschichen erleben.

Ich kenne das übrigens auch aus der Pflegebedürftigkeit, meiner Mutter. Gleiches Spiel.

Momentan befassen wir uns mit dem Thema Behindertentestament. Nachdem die Vorsorgevollmachten, Patientenverfügungen in unserer Familie gesichert sind, kam das große Thema auf – und ja auch das gehört zum Leben mit einem behinderten Kind- wer sorgt für Lisa, wenn wir nicht mehr sind, wie kann sie gesichert und sorgenfrei finanziell leben, ein schönes Leben führen mit Begleitern, die das gerne tun? Auch hier Menschen, die einem Hilfe anbieten, sich aber eigentlich nur bereichern wollen. In unserem Zeitalter und dem www kann man sich jedoch selbst ganz gut helfen, man muß nur wissen wie bzw. sich einfach trauen. Ein Riesen-Fass, mit vielen, wenn und aber. Aber wir sind im Endspurt und wollen das jetzt schon gesichert haben.

Auch der Gedanke, was passiert nach der Schule, kommt manchmal auf. Aber wir knüpfen bereits jetzt Kontakte in diese Richtung gehend, wir machen uns kundig und Lisa wird ihren Weg gehen. Das wissen wir und mit unserer Hilfe, selbstbewusst, mit großer Freude am Leben und einem Lächeln in ihrem Gesicht.

Ja, wie hat Ivonne so richtig in einem vorausgegangenen Kapitel geschrieben? Was nicht passt, wird passend gemacht. Und ich möchte noch ergänzend hinzufügen: Wer nicht selber mitdenkt und sein eigenes Gehirn einsetzt, hat verloren. Das ist mir ein echtes Anliegen. Man sollte sich niemals zu etwas überreden lassen ohne vorher einmal gezögert und hinterfragt zu haben. Das kommt letztendlich unseren Kindern zu Gute.

Auch wir haben natürlich solche Erfahrungen gemacht, eine Unmenge davon. Nur im Falle „Orthese“ irgendwie anders herum.

Vermutlich muss die Kasse halt auch Fälle einkalkulieren wie uns: Eine Orthese und eine Handschiene für umgerechnet 1600 EUR, mühsam angepasst, erhalten und problemlos erstattet. Gabriel hat sich von Anfang an geweigert, beides zu tragen und Beide liegen bei uns wie Pokale im Regal. Das ist dann kassenseitig ein Fall für die Mischkalkulation?!

An dieser Stelle möchte ich mal eine Lanze brechen für die „Sanitätshäuser“ und „Orthopädietechniker“ dieses Planeten!
Begriffe, die ich schlichtweg vorher nicht kannte. Ich wusste nur man kann sich dort sexy Stützstrümpfe besorgen.
Erst als uns Gabriels Kinderarzt in eine Orthopädische Klinik überwies, um dort mit einem Orthopädietechniker eine Schiene für seinen spastischen Fuß zu modellieren, lichtete sich langsam das Dunkel. Als ich dann ans Sanitätshaus verwiesen wurde, um dort die fertige Schiene anpassen und abholen zu gehen, nahm das Wort seine Bedeutung an. Heute weiß ich, beide Orte und Berufe sind unglaublich wichtig und verdienen es nicht, mit so einer Lustlosigkeit wie meiner, behandelt zu werden.
Irgendwie sind beide sogar im Nachhinein betrachtet, richtige Heldenberufe.

Zwei Erlebnisse sind mir in diesem Zusammenhang besonders in Erinnerung geblieben. Um den Orthopädietechniker zu treffen, mussten wir in eine Orthopädische Spezialklinik und wurden dort ins Wartezimmer gesetzt. Wir sollten dort den Orthopädiearzt treffen, der wiederum dem Techniker mitteilen sollte, wie die Schiene auszusehen hätte!
Ein tagesfüllendes Programm, mit einem sehr unruhigen Kind!
Ich versank kurzfristig in Selbstmitleid, weil ich einfach nicht noch eine Baustelle haben wollte, nicht noch einen Arzttermin und wieder Folgetermine zum Anpassen der Schiene.
In dem Moment wurde ein Mädchen ins Wartezimmer gerollt, die Beine voller Metallschienen und Schrauben, ihr Gesicht ange-

spannt. Ich konnte erst gar nicht hinsehen, so grausam sah das aus, und ich war froh, dass Gabriel mal wieder mehr außerhalb des Wartezimmers war, als drinnen.
Ich lauschte einer Unterhaltung, nachdem das Mädchen auf das Nachziehen der Schrauben wartete, was ein schmerzhafter Vorgang sein soll! Anscheinend hatte sie eine Störung im Knochenwachstum und das Schraubenkorsett, half ihr die Knochen, durch anziehen der Schrauben zu strecken.
Ja wir reden hier von einem Menschen, der das ertragen muss. Aber sie ließ diese Qual über sich ergehen, weil es medizinisch möglich war und ihr helfen würde, besser durchs Leben zu gehen.
Ich kam mir plötzlich klein vor, mit meinen selbstmitleidigen Gedanken, nur weil ich einen Termin hatte, der Gabriel, ohne jegliche Qual ermöglichen würde, später gerader zu laufen.
Nun brachten wir den Termin hinter uns und eilten nach mehreren Wochen zum Sanitätshaus, um die Schiene nochmals anpassen zu lassen und abzuholen.
Wer weiß eigentlich, wo Rollstühle gemacht werden? In einem Sanitätshaus, von einem Orthopädietechniker! Alles Sonderanfertigungen! Rollstühle sind immer einfach da. Aber wie kommen sie dahin, wer fertigt sie und wie?
Alles Fragen, die ich mir nie gestellt hatte und auf die ich nun plötzlich Antworten hatte.

Im Wartezimmer dieses Sanitätshauses - ein 2-jähriges Mädchen. Es rennt durch das Wartezimmer, schmeißt sich auf den Boden und freut sich des Lebens. Sie geht zur Kinderküche und kocht was, rast zur Tafel und malt was, begrüßt mich herzlich und ist einfach nur ein Sonnenschein.
Und dann: der Auftritt des Orthopädietechnikers mit zwei Plastikbeinen mit Schuh in der Hand. Ich habe gar nicht verstanden für wen die sein sollten, war ja keiner da, der sie hätte brauchen können? Aber falsch gedacht. Das Mädchen hatte keine eigenen Beine, die sie durchs Leben trugen, ein Geburtsfehler, und dank

der Bein-Prothesen trotzdem Laufen gelernt.

Dank dieses wunderbaren Berufsstandes, kann die Kleine auf Augenhöhe durch die Welt gehen.
Ivonne und ich wissen beide, welch einen Unterschied es in der Entwicklung eines Kindes macht, ob es nach oben kommt oder immer unten ist, weg aus dem natürlichen Wahrnehmungsfeld der Umgebung.
Gabriels erste Schritte lösten geradezu eine Lawine an weiteren Entwicklungsschritten aus. Die Neugierde kam, der Entdeckergeist, der Ehrgeiz, die Selbständigkeit und das Selbstbewusstsein.
Auch die liebe Lisa, hat vor Kurzem diesen großen Schritt gemacht. Toll Lisa! Toll Gabriel!
Gabriel rennt geradezu und hat dazu noch kein Gefahrenbewusstsein. Ein Entwicklungsbaustein der noch aussteht. So kommt es, wenn man nicht immer aufmerksam ist oder ein abgesichertes Terrain schafft zu Stresssituationen.
Heute haben wir einen wunderbaren Tag in unserem Garten verbracht. Nachdem wir jetzt, alle Begrünungs-Maßnahmen und Gartenarbeiten abgeschlossen, wieder ein Trampolin aufgebaut und endlich ein Zaun mit abschließbarem Tor besitzen, ist das wieder möglich.
Wenn einer behauptet, so ein Trampolin ist schnell aufgebaut, soll er sich dazu mit meinem Mann austauschen. Geschlagene 48 Stunden hat er Gestänge verankert und Federn eingezogen, Netze verspannt und gesichert, sowie eine Leiter angebracht. Gabriel hupft darin und macht Purzelbäume, wenn die Geschwister Salti machen. So süß anzusehen.

Vor ein paar Wochen als der Zaun noch fehlte, war noch das blanke Entsetzen in unserem Gesicht, als wir nach Gabriel-Rufen kein „Ja“ von ihm hörten und er einfach nirgendwo zu finden war!
Wir schwärmten aus, Savannah und Juan mit den Rädern, ich zu Fuß und mein Mann mit dem Auto. Wir liefen alle Wege ab, die wir

mit ihm schonmal gegangen sind und nach 15 Minuten rief mein Sohn Juan den erlösenden Satz: Wir haben ihn!!!
Er war tatsächlich ein paar Straßenzüge allein gegangen und stand vor einem Haus, ein wenig verloren. Erleichtert holten wir ihn nach Hause, riefen sofort unseren Vermieter an und baten um umgehenden Zaunbau. Unverzüglich bauten wir mit allem Gartengerät, das wir besaßen, einen provisorischen Zaun. Meine Schwiegerfamilie aus Pakistan war zu Besuch und brachte den pakistanischen Erfindungsgeist und die pakistanische Improvisationskunst mit ein.
Ein tolles Kunstwerk aus Plastikschneeschaufel und Traktor, Gartenstühlen und Seilen. Aber unser kleiner Lümmel, war wieder da. Viele hatten ihn weglaufen sehen, aber die, die ihn in unserer neuen Nachbarschaft noch nicht kennen, und nicht wissen, dass er noch nicht alleine losziehen kann, dachten nicht, dass man uns informieren muss.
Jetzt haben die Nachbarn unsere Telefonnummer, falls sie ihn mal wieder alleine sehen.

Einmal, da war er noch deutlich kleiner und wir mit Savannah beim Reitunterricht. Er muss unter dem Gatter der Weide durchgeschlüpft und - in einem (sehr) kurzen, unbeobachteten, Moment - auf die kurvige Passtrasse der Bergkuppe gelaufen sein.
Erst nachdem ich ein Auto hupen hörte, realisierte ich, dass da was nicht stimmte und sah ihn gemütlich, mitten auf der Strasse talwärts laufen. Mein Blut gefror in den Adern. Nach all den vergangen, überlebten Möglichkeiten, die Welt zu verlassen, darf er jetzt nicht so sterben, dachte ich noch.
Und schon kam ein Auto angebraust, sah ihn und überholte ihn!!! Kann man sich das vorstellen? Ein kleiner Kerl, ohne Erwachsene in der Nähe, mitten auf einer Passstrasse, einfach überholen? Und es kam ein Zweites und überholte erneut! Ich schwitze, wie noch nie in meinem Leben und rannte um sein Leben, mal wieder. Als ich die Straße erreichte, kam Gott sei Dank eine Reitlehrerin

mit dem Auto und überblickte die Lage.
Sie fuhr zu Gabriel, nahm ihn ins Auto und brachte ihn zum Hof. Ein emotionaler Wahnsinn, zumal ich nicht über die Weide gehen konnte, wie er, sondern außen herum musste und ihn dabei immer auf der Straße sah. Dank der Kurve, sah ich aber nicht, ob ein Auto kam oder nicht und wie schnell!
Mein Schreien hätte auch Niemand gehört. Aber letzten Endes hatte der Herrgott wieder einmal entschieden: Daumen nach oben.
Und nach einem Tag wie heute, weiß ich auch wieder warum. Wir haben den ganzen Tag mit Schmusen verbracht und Küsschen hier und dort, „Hoppe Reiter“ und andere Fingerspiele zusammengespielt, seinen Müllaster tausendmal ein und ausgeladen und CD gehört.

Mit seiner liebevollen Art, den tollen Sprachfortschritten und seiner fortschreitenden Gesamtentwicklung schafft er es zunehmend die schmerzhaften Erlebnisse aus der Vergangenheit vergessen zu lassen.
Auch das Weglaufen ist seitdem sehr viel besser geworden. In Anbetracht der Tatsache, dass unsere Männer am vergangenen Vatertag nicht anwesend waren, haben meine Freundin Karin und ich beschlossen, die abwesenden Väter hochleben zu lassen, indem wir den Grill anheizen. Wir sind also bewaffnet mit Würsteln und anderem Grillgut zu unseren Freunden gefahren, die zwei Kinder haben.
„Micki“ wie Gabriel sagt, ist 2 ½ Jahre alt und seine Schwester 8, wie unsere Drei. Übrigens eine tolle Freundschaft aus unserer Zeit auf der Frühchenstation.
Irgendwie hatte ich ein wenig Bammel davor, dorthin zu gehen, weil deren neu gebautes Haus mitten in der Stadt auch noch nicht umzäunt ist. Ich habe mich schon dabei gesehen, nur an Gabriel zu kleben. Was schön ist, aber insgeheim habe ich auch gehofft, mit meiner Freundin ein paar Worte wechseln zu kön-

nen. Und oh Wunder-„Micki“ und er haben schön gespielt und er ist nicht weggelaufen. Er war immer in der Nähe, so dass ich ihn noch sehen konnte.
Ein wahnsinniger Fortschritt für ihn und uns Alle. Und er hat es auch genau verstanden, als ich gesagt habe: Bleib bitte in der Nähe, so dass ich Dich noch sehen kann. Sowas macht uns glücklich, unglaublich glücklich. Die Tatsache, dass er versteht!
Und genau diese Tatsache, dass er jetzt besser versteht, hat uns neulich dann einen Elterntermin in der Schule beschert. Jetzt ist der Zeitpunkt gekommen, ihm alle Regeln des normalen Lebens beizubringen und damit gnadenlos konsequent zu sein.

Kein „Aufstehen“ beim Essen mehr kein Essen mit den Fingern, kein nach Hause kommen, ohne Händewaschen, keine Hilfe beim Anziehen und Ausziehen...Die Liste ist lang, die Anstrengung bei uns groß, die Erfolge damit enorm.
Wir haben wieder einmal den Anstoß von außen gebraucht, um zu realisieren, dass es auch hier keinen Welpenschutz mehr gibt. Auch ein behindertes Kind braucht eine klare, stringente Erziehung mit Grenzen und Leitfäden. Es muss sich ja nun mal in unserer Gesellschaft bewegen können.
Savannah und Juan haben diese Erziehung bereits in der ersten Phase durchlaufen, aber bei Gabriel haben wir einfach manches durchgehen lassen, manchmal aus eigener Erschöpfung, manchmal aus Unwissen beim „Was geht und was darf man?“.
Da er so lange so schlecht gegessen hat zum Beispiel haben wir es halt zugelassen, dass er ohne Gabel gegessen hat, Hauptsache er hat gegessen. Das gilt es jetzt zu korrigieren. Auch die Tatsache, dass er oft Dinge anfängt und sie dann wieder liegenlässt, also dauernd in Bewegung ist, eine Tatsache die wir einfach so hingenommen haben, weil wir dachten, das gehöre zu seiner Konstitution.
Aber auch hier wurden wir eines Besseren belehrt und achten nun stark darauf, dass er „Dinge zu Ende bringt“. Das er das verstan-

den hat, hat er uns heute eindrücklich gezeigt.

Er war mal kurz ins Haus verschwunden und kam mit nassen Hosen in den Garten. Ich habe ihn dann gefragt, was er gemacht hat und er hat nur gesagt: Hose nass. Okay, haben wir gedacht und ihm eine neue Hose angezogen. Bei näherem Hinschauen aber, haben wir gesehen, dass der kleine Lauser beschlossen hatte „Wasserspiele“ in Küche und Wohnzimmer zu veranstalten.
Alle Schränke und Türen und einen Sessel, die Speisekammer und den Kühlschrank hatte er einer Waschung unterzogen, sowie den Boden getränkt. Dabei sind dann wohl noch Erdbeeren durch die Gegend geflogen, die zermatscht dazwischen lagen. Also Projekt komplett zu Ende gebracht. Ein echter Lauser, aber ein lieber Lauser. Savannah und Juan hatten anschließend viel Spaß mit dem Wischmop.

Wir sind jeden Tag so stolz auf unsere Kinder. Sie geben so viel, uneingeschränkte Liebe, wie sie manchmal Kraft nehmen, aber wir lieben sie so.
Das einfache Leben leben, gemeinsam als Familie, ohne Wenn und Aber, zusammenhalten und füreinander da sein, lachen, gut essen, trinken, feiern und Zeit mit Freunden und Familie verbringen, soviel es geht, das sind die höchsten Güter.
Prioritäten, die mein Mann und ich schon zu Anfang unserer Ehe zusammengebracht haben und die sich in dieser herausfordernden Situation für uns, nur noch verstärkt haben.
Bleibt euch treu und vor allem bleibt glücklich. Nehmt das Leben bei den Hörnern und lasst es nicht zu, dass es euch dieses Recht auf Glück nimmt, nur weil es euch eine Herausforderung gegeben hat.

Dieses Buch ist unseren Kindern gewidmet und allen Menschen, vorneweg Familie und Freunden, die uns von Anfang an durch den Ozean navigiert haben, die uns und manchmal unseren Kindern

Schwimmflügel angezogen haben, mit uns unvermeidliche Täler durchschwommen und immer wieder geholfen haben „aufzutauchen“ wenn wir am „Untergehen“ waren.
Wir haben gelernt den Blick nur noch nach vorne zu richten und zu schätzen was ist, statt zu hadern was nicht ist. Diese Formel ist Glück für uns und emotionale Freiheit - besonders mit und für unseren Sohn Gabriel.
Wir als Familie durchschwimmen mit ihm den Ozean und nehmen zusammen jede Welle, die uns dem Festland näherbringt. Immer ganz nah hinter ihm, niemals vor ihm. Wir sind einfach nur glücklich seine Eltern sein zu dürfen.

Ich habe letzte Woche meine Festanstellung - meinen sicheren Job gekündigt. Ich will nur noch sinnvolle Dinge machen, so wie viele Menschen für uns sinnvolles vollbracht haben. Ich werde nochmals eine Schule besuchen und mich ausbilden lassen, in einem beratenden Beruf, der Familien mit Kindern helfen kann. Und ich werde sicher weiter Geschichten erzählen, denn wir sind erst am Anfang unserer Reise.
Das Alles wäre nie in mir gewachsen, hätte ich nicht die letzten 8 Jahre so erlebt, wie ich sie erlebt habe. Ich freue mich schon darauf und auf viele weitere Geschichten die da folgen werden.

Wie man im Laufe der Geschichten um uns und unser Kinder, Familien und Freunde feststellt, sind Severine und ich sehr unterschiedliche Frauen. Aber uns verbindet die Besonderheit unserer Kinder, die Leichtigkeit – ja sogar manchmal Leichtsinnigkeit - mit der wir Aufgaben in Angriff nehmen und vor allem unser Humor und die Fähigkeit über uns selbst zu lachen. Immer wenn wir uns sehen, gibt es was zum Lachen. Viele weitere, auch gemeinsame, Geschichten werden folgen, da sind wir uns sicher.
Mit Höhen und Tiefen, mit Rückschlägen, Fortschritten, lustigen und traurigen Ereignissen, mit Kuriositäten und was das Leben noch so für uns bereit hält.

Auch wir brauchen zusätzlich zu unseren Schwimmflügeln, ein paar Schwimmreifen dazu. Der Ozean ist manchmal stürmisch.

Wie findet man einen passenden Schluss für dieses Buch - es gibt keinen. Das Buch ist ein Teil unseres Lebens bzw. einige Geschichten daraus und das ist noch nicht fertiggeschrieben. Viele Seiten werden folgen, auch wenn zum Großteil nur in unseren Köpfen.

Das Jahr 2018 begann mit einigen Schicksalsschlägen.
Wir mussten uns von lieben Menschen verabschieden, uns Nahestehende sind todkrank geworden. Als ich bei der Aussegnung der Schwester meiner engsten Freundin war und diese kleine Kiste vor mir stehen sah, in der wir Alle früher oder später landen, kam ich mir so klein vor und ärgerte mich etwas über mich. Wie wichtig ich mich manchmal nehme oder wie wichtig ich diese kleinen oder größeren Sorgen, die das Leben mit sich bringt, nehme.
Was nehmen wir mit, wenn wir nicht mehr sind - nichts. Viel wichtiger ist, was hinterlassen wir? Unsere Geschichten, unsere Erlebnisse.

Was bringt es unglücklich zu sein, was bringt es sich ständig Gedanken zu machen und wie können wir bewerten, ob es das Schicksal mit uns besonders hart meint? Lebt, geht in die Welt hinaus, seid glücklich, lacht, macht Menschen glücklich, liebt aus vollem Herzen und das Leben wird gut zu Euch sein. Das hört sich alles sehr weittragend an, aber genau so funktioniert es.
Vor einigen Monaten feierte ich meinen 50ten Geburtstag. Jemand, der sich für die Feier im Nachhinein bei mir bedankt hat, meinte, was für ein großes Glück es ist, so viele Freunde zu haben. Wir haben am Gardasee gefeiert mit 40 Gästen und es war toll, unbeschwert, ausgelassen und sehr lustig.
Diese Menschen, diese besonderen Menschen um mich rum, spiegeln alle mein Leben wieder.

Wir Alle sind die Summe der Momente, die wir erleben dürfen. Also laßt uns möglichst viele schöne und glückliche Momente erleben!

Danke

Das Werk ist vollbracht. Abschließend wollen wir uns noch bei allen bedanken, die im Hintergrund dieses Buch möglich gemacht haben. Das sind unsere Partner, die immer und in jeder Zeit beratend, unterstützend und liebend hinter uns stehen - unsere zweiten Schwimmflügel.

Unsere Familien, die u.a. Korrektur gelesen haben und sich damit emotional in manch tiefes Tal gestürzt haben. Die für uns aus der Ferne gebetet und geopfert haben, um uns Kraft zu geben für manch schwere Stunde, manch wilden Ozean.

Alle Freunde, Babysitter, Haushaltshilfen und Steuerberater - im Buch explizit erwähnt und darüber hinaus - Danke. Ohne Euch wären wir nicht da, wo wir heute sind und hätten dieses Buch nicht in der Hand. Wegen Euch gibt es ein glückliches, erfülltes Leben, das Buch, das Layout dazu und das gedruckte Werk. Es gibt unseren Verlag. Ohne Euer Interesse an unserem Thema und dessen Aktualität hätten wir wenig Möglichkeit die Botschaft so weiter zu verbreiten.

Liebe Ärzte und Krankenschwestern, danke dafür, dass Ihr unsere Kinder stets wieder gesundet habt, dass Ihr dafür gesorgt habt, dass wir vertrauen und reflektieren. Dass wir selber nachdenken und das Wohl unserer Kinder stets im Auge behalten. Danke, dass Ihr uns neben Linderung auch Lösungen an die Hand gegeben habt.

Alle Therapeuten, Pädagogen - Danke, dass Ihr uns beigebracht habt, in die richtige Richtung zu schauen und zu gehen.

Eure Ivonne und Severine